JN299988

ピッツァ
プロが教えるテクニック

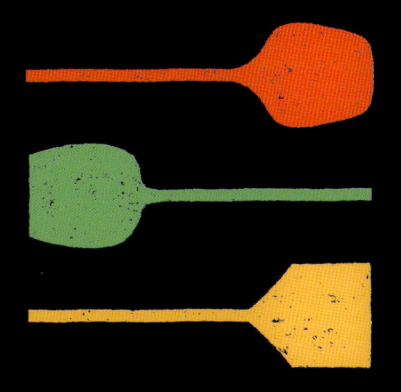

自家製豚バラベーコン	¥400-
アボカドディップ トルティーヤチップ添え	
鶏レバーのムース	¥500-
本日の鮮魚のカルパッチョ	¥500-
自家製窯焼ラザニア	¥700-
	¥900-

Dismark-
けしゃりソース エッグトップ 半熟卵・生ハム ¥1800-
プロシュット エ ルコラ -Prosciutto e Rucola-
(トマトソース モッツァレラ 生ハム ルッコラ) ¥1800-
ピッツァ メーラ -Pizza Mela-
(りんごと ドルチェ シモンのデザートピッツァ) ¥1000-

はじめに

　愛嬌のある丸いフォルム、生地の香ばしい香り、鮮やかなトマトソースのカラー、とろけたチーズのシズル感──焼き上がったピッツァを前にすれば、誰もが顔をほころばせるに違いない。しかしピッツァは、その故郷イタリアでは"大衆食"という位置付け。日本でも"ごちそう"の部類ではなく、カジュアルなメニューと捉える向きが大半だろう。にもかかわらず、確実に食べ手の心を躍らせる。ピッツァには、そんな不思議なパワーがある。

　この魅力的な食べ物を究めたつくり手に、イタリアでは「ピッツァイオーロ」という称号が与えられる。ピッツァイオーロとは、「ピッツァ職人」の意。ひとつの料理をとことん追求する、それが「職人」といえよう。生地に具材をトッピングして焼き上げたシンプルかつ明快な料理、そう、あなどるなかれ。ピッツァの一枚一枚に職人ならではのこだわりやノウハウがぎっしりと詰め込まれているのだ。

　本書では、人気ピッツェリアとベーカリー計11店にご登場いただき、ピッツァの基本的なつくり方やそのアレンジ、さらにはマルゲリータやマリナーラといったイタリア発祥の定番から創意工夫に満ちた各店のオリジナルまで、ピッツァメニュー72品のレシピを収録。ピッツァイオーロへの第一歩を踏み出す、また自店のメニューに磨きをかけるための一助としていただきたい。

1 ナポリピッツァのつくり方

基本のナポリピッツァ ……8
渡辺陽一／ピッツェリア トラットリア パルテノペ 恵比寿店

手ごねのこだわりピッツァ ……14
池田哲也／ベッラ・ナポリ

ガス窯でおいしく焼く方法 ……20
渡邉力友／ダチーボ コレド日本橋店

[Column 1] 薪窯のメカニズム　文・池田哲也／ベッラ・ナポリ ……22

2 ローマピッツァ&ベーカリーのピッツァづくり

基本のローマピッツァ ……24
横手うらら／ピッツェリア・ジェラテリア・ジィオ

[Column 2] 人気店を支える窯とオーブン ……29

ベーカリーのピッツァとカルツォーネ ……30
谷嶋安喜／キッキリキ

[Column 3] 薪窯の煙突はどうする？ ……34

3 ピッツァのバリエーション

マルゲリータで比較、人気店のピッツァ

チェザリ!!／スッド・ポンテベッキオ／ベッラ・ナポリ ……36・37

ダチーボ コレド日本橋店／ピッツェリア トラットリア パルテノペ 恵比寿店

ピッツェリア・ジェラテリア・ジィオ／エンボカ ……38・39

パーレンテッシ／ピッツェリア アル フォルノ／キッキリキ／シシリヤ ……40・41

定番ピッツァあれこれ

ピッツァ D.O.C. ㋶／マリナーラ ㋛ ……42・43

クアトロフォルマッジ Ⓑ／マルゲリータ・ビアンコ Ⓩ ……44・45

オルトナーラ Ⓓ／ピッツァ レジーナ ㋕ ……46・47

ピカンテ・ヴェルデとスカモルツァ・ルッコラのハーフ&ハーフ Ⓐ／

ルッコラ エ プロシュット Ⓑ ……48・49

シシリアーナ ㋕／フンギ ㋛／田舎風ビアンカ ㋶／ロマーナ Ⓩ ……50・51

プリンチペッサ Ⓓ／ビスマルク Ⓐ／モルタデッラとルッコラのピッツァ ㋶／

最古のピッツァ マストゥニコーラ ㋶ ……52・53

オリジナルピッツァ図鑑

野生クレソンとえびとリコッタのピッツァ Pt／たけのこのピザ E……54・55

SPV S／ピッツァ パルミジャーナ Ks……56・57

トロトロ下仁田ねぎと自家製スモークチーズ S／天草大王地鶏のピッツァ D……58・59

クアットロ フォルマッジ スペシャル Sc／マルゲリータ コン モッツァレラ ディ 吉田 B……60・61

ネオナートと筍のマリナーラ 木の芽の香り S／
ズッキーニと花のピッツァ Pt／アスパラのピザ E……62・63

アルモーニア A／じゃがいもとベーコン、玉ねぎ、ローズマリーのピッツァ A／
サルシッチャ エ ブロッコリ B……64・65

さんまのピッツァマリナーラ S／しらうおとからすみとアンチョビで塩ピッツァ Pt／
チェザリ!! Cs……66・67

プルチネッラ Ks／れんこんのピザ E／野菜のピッツァ B……68・69

ピッツァ・ドーロ Pt／スカモルツァ Pt／マルゲリータ＋オリーブ Sc……70・71

トンノ・ビスマルク Z／ネロビアンコ D／桜えびとチェリートマトのピッツァ Pt……72・73

カラブレーゼ D／ボンバ Z／ディアブロ ビアンカ Sc……74・75

きのこペーストとトマト Pc／ダブルチーズ、ソーセージ Pc／
アンチョビ、ケイパー、ブラックオリーブ Pc……76・77

ドライフルーツと木の実のピッツァ ミルクのジェラートのせ Z／
ピッツァ・メーラ A／いちごのデザートピザ E……78・79

カルツォーネのバラエティ

リピエノ B／カルツォーネ D／カルツォーネ Pt／カルツォーネ S……80

リピエーノ MAX Ks／ピッツァ フリッタ Ks／カルツォーネ Pc／
カルツォーネ・ボスカイオーラ・スペシャリテ Z……82

カルツォーネ A／カルツォーネ・ナポリ Pt……84

E…エンボカ　Pc…キッキリキ　Sc…シシリヤ　S…スッド・ポンテベッキオ　D…ダチーボ コレド日本橋店
Cs…チェザリ!!　Pt…パーレンテッシ　A…ピッツェリア アル・フォルノ　Z…ピッツェリア・ジェラテリア・ジィオ
Pt…ピッツェリア トラットリア パルテノペ 恵比寿店　B…ベッラ・ナポリ

ピッツァづくりの道具と機器……85

各店のトマトソースとマルゲリータのつくり方……86

各店のレシピで使ったパーツのつくり方……88

掲載店紹介……90

撮影／長瀬ゆかり、笹谷美佳、太田未来子
デザイン・イラスト／山本 陽、菅井佳奈
（エムティ クリエイティブ）
編集／吉田直人、美濃越かおる

【本書を読む前に】

▶小さじ1は5㎖、大さじ1は15㎖。

▶液体の分量単位には、gなど重量による表記と㎖など容積による表記があり、取材店の計量法に準ずる。

▶オリーブ油と表記したものはピュアオリーブ油を指し、EVオリーブ油と表記したものはエクストラヴァージンオリーブ油を指す。

▶材料の分量は、実際に店で仕込んでいる量。まとめて仕込むことが前提の材料で枚数分表示ができないものは、「仕込みやすい分量」と表記する。

▶一部の材料の分量や解説は省略。

▶調理時の温度、火力、時間、材料の分量はあくまでも目安であり、厨房条件、熱源や加熱機器の種類、材料の状態によって変わる。とくに、生地づくりにおける材料の分量や発酵時間、焼成時間は、室温や湿度、材料の状態などによって大きく変わる。

1

ナポリピッツァのつくり方

ぷくっと膨れた縁がナポリピッツァの証。
表面はさくっ、中はふんわり、もっちりの食感を
生み出す珠玉のテクニックを紹介する。

基本のナポリピッツァ

技術指導 **渡辺陽一**（ピッツェリア トラットリア パルテノペ 恵比寿店）

注文から提供まで約3分——。ナポリピッツァづくりにはファストフードに似たスピード感がある。シンプルかつ合理的に見えるそのつくり方だが、実はとても奥が深い。本場ナポリで綿々と受け継がれ、日本にまで波及したナポリピッツァの伝統技術。薪窯で焼き上げるその本格的なピッツァづくりの手法を、詳細にレクチャーする。

{ 生地づくり① こねる }

生地の材料

小麦粉…1.7〜1.8kg
塩…50g
酵母（生イースト）…1〜5g
水…1ℓ

ナポリピッツァの材料は、小麦粉、塩、酵母（ビール酵母、生イーストなど）、水の4つが基本。上記の分量の目安は、ナポリの伝統技術を守る「真のナポリピッツァ協会」が定めるもの。

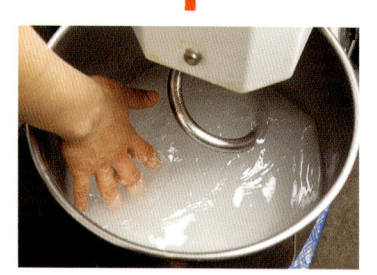

1 スパイラルミキサーに水と塩を入れ、塩が完全に溶けるまで手でよく混ぜる。

2 ミキサーを低速で回しながら、小麦粉を徐々に入れる。

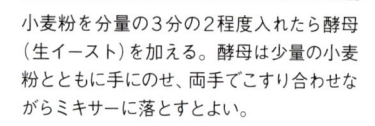

3 小麦粉を分量の3分の2程度入れたら酵母（生イースト）を加える。酵母は少量の小麦粉とともに手にのせ、両手でこすり合わせながらミキサーに落とすとよい。

4 ミキサーのカバーを閉め、ケージの隙間から残りの小麦粉を加え、ここから10〜15分間撹拌。ボウルに小麦粉がこびりついた時はミキサーを止めてこそげる。

5 生地が耳たぶよりも少しやわらかくなったらミキサーを止める。

6 作業台に生地をのせ、大まかに丸く成形する。湿らせた布巾をかけて常温で1時間程度休ませ、生地の緊張をほぐす。

Point

ミキサーを使う
スパイラルミキサーは手ごねに近い仕上がりとなり、大量に仕込めるため効率もよい。ただし、本場ナポリでは、かにの爪のようなフックを装着したフォーク型ミキサーが主流。

こねすぎに注意
ピッツァ生地は、一般的なパン生地よりも短い時間でこねる。こねすぎると、グルテンがどんどん形成され、焼き上がりがかたくなってしまう。

{ 生地づくり② **発酵させる** }

1　休ませた生地は、スケッパーを使って7cm程度の幅に細長く切り出す。

→　一度にすべて切り出さない。生地を切り出すつど**2**の工程に進み、これを繰り返す。

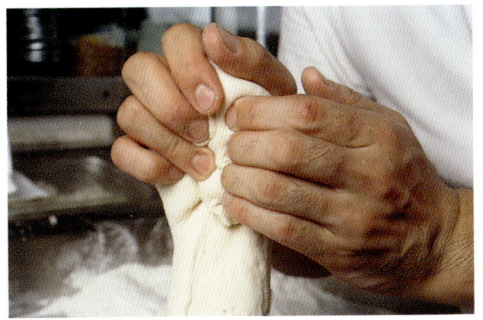

2　生地を1枚分（200g前後）ずつに分ける。生地の先端から10cmほどを両手でつかみ、手首を返しながら、親指以外の指で生地を内側に丸め込んでいく。

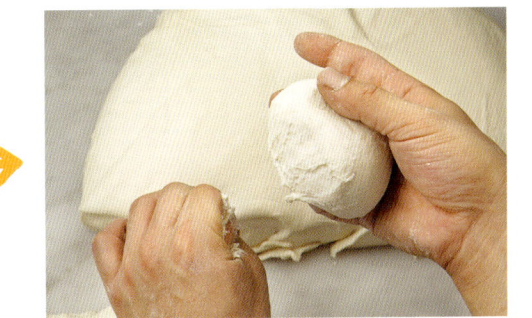

→　大まかに丸めたら手でちぎって切り離し、必要に応じて計量する。

3　丸めた生地を番重（発酵用ケース）に並べて発酵させる。発酵時間は25℃で7～8時間が基本。

→　写真は発酵後の生地。発酵前と比べ大きさは倍以上になり、表面はなめらかになる。

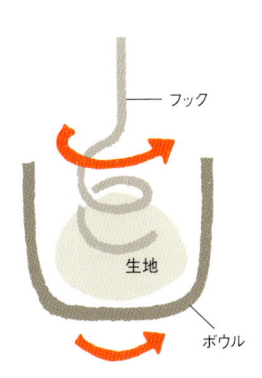

スパイラルミキサーの利点

スパイラルミキサーは、ボウルとゆるやかなならせん状のフックが異なる速度で同方向に動き、材料を撹拌する仕組み。回転はゆっくりで、摩擦熱など生地に余計なストレスがかかりにくく、手ごねに近い仕上がりとなる。コンパクトなのもよい。

（図：フック／生地／ボウル）

Point 「ざっくり」と丸める

この段階では大まかに丸めればよい。きれいな球形にしようと力を入れすぎると生地中の気泡がこまかくなり、焼き上がりの食感が重くなる。

{ 生地づくり③ のばす }

1 作業台の隅に打ち粉を山のように盛っておく。スケッパーで番重からすくい出した生地をそこに置き、両面に粉をまぶす。

2 生地を中心から外に向かって指でくぼませる。これを生地を回転させながらまんべんなく行い、周囲に少し厚みのある縁（コルニチョーネ）を残す。

3 2を両面行った後、片手で生地を押さえ、もう一方の手の人差し指、中指、薬指をコルニチョーネの内側に引っ掛けて生地を引っぱる。

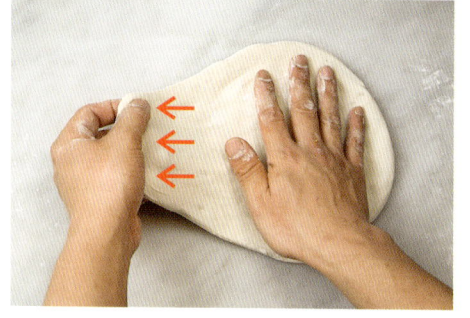

4 引っぱった生地を、押さえている手を跨ぐように返す。同じタイミングで、押さえている手もやや返し、生地全体が裏を向いた状態にする。

5 返した生地を元の場所をめがけてパタンと倒す（①）。右手で生地を少し回し（②）、引っぱる（③）。4・5の作業を繰り返す。これを全方位について手早く行う。

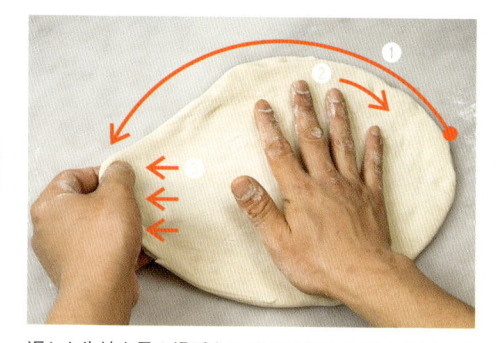

6 生地をのばし終わった状態。生地の直径やコルニチョーネの厚さは、自店が提供したいピッツァのイメージに合わせて調整するとよい。

Point

コルニチョーネを触りすぎない
触りすぎてつぶしてしまうと、コルニチョーネが、ふっくら、もちもちとした食感に焼き上がりにくくなる。

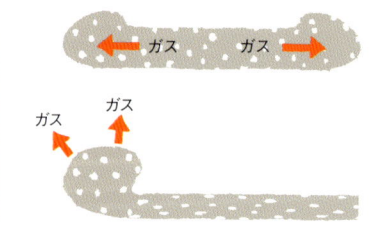

生地中のガスが大事
生地を強く押さえるとガスが抜けて食感の軽さが失われてしまう。ガスを移動させるイメージで、中心から外側に向かって手で軽くのばすのがポイント。ナポリピッツァでは麺棒は使わない。

{ トマトソースづくり }

材料

ホールトマト…適量
塩…ホールトマトの重量
　の1％

1 ホールトマトをボウルに入れ、種やへたなどを取り除き、手でつぶす。

2 1をソース容器に移し、塩を加えてよく混ぜる。

ホールトマトは、酸味や甘みのバランスが製品によって異なるため、自店のめざす味に近いものを選択する。また、複数の製品をブレンドして使ってもよい。冷蔵庫で何日も保管すると鮮度が落ちるため、こまめな仕込みを心がけたい。

{ トッピング }

1 生地の中央にトマトソースをのせ、スプーンの背で円を描くように広げる。

2 モッツァレラをのせる。モッツァレラは事前にしっかりと水を切り、短冊切りにしておくと使い勝手がよい。

3 バジリコを適当な大きさにちぎってのせ、粉状におろしたパルミジャーノをふる。トッピングの際は、外側に1～2cmの余白をつくっておく。

4 オリーブ油を「の」の字を描くようにまわしかける。

Point
具材はまんべんなく

薪窯ピッツァの焼成時間は1分～1分30秒が目安。この時間でムラなく焼き上げるために、具材はまんべんなく並べる。

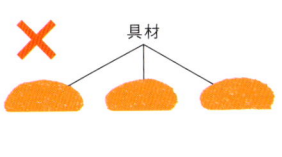

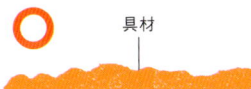

× 具材
○ 具材

トッピング時の注意点

トッピングの具材は均一に火を通すため、薄く、もしくは小さく切って使うのがベター。少ない分量でまんべんなくトッピングできるといった利点もある。火の通りにくい食材は、あらかじめゆでたり、グリルしておくとよい。

｛ 窯で焼く ｝

1 作業台の縁にパーラーの先をあて、生地の左右を両手でつかみ、引っぱるようにして一気にスライドさせ、パーラーの上に移す。

2 生地の形を整え、コルニチョーネが厚くなりすぎないように指でのばして均等な厚みに調整する。

3 窯に入れて焼く。薪とは反対側のスペースにパーラーを差し入れ、パーラーを素早く引いて生地を炉床に落とす。

4 コルニチョーネが膨らみ、焼き色がついてきたら、生地をパーラーで回し、まんべんなく焼く。途中、パーラーで生地を持ち上げ、裏面の焼き加減も確認。

5 最後に、温度が低い窯の入口付近に移し、余分な水分を飛ばす。

Point

余分な水分を飛ばす

トマトソース系など水分量の多いピッツァは生焼けになりやすい。窯の入口は温度が低く、焦がすことなく余分な水分を抜くのに最適。

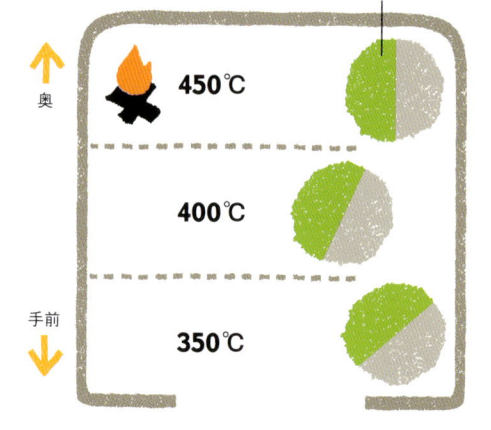

奥 ↑　450℃　← 早く焼ける部分

400℃

手前 ↓　350℃

炉床の温度差に注意

薪窯の炉床は場所によって温度差がある。まずは温度の高くない場所に置き、様子を見て温度の高い場所に移して焼き加減を調整する。また、炉の奥と手前では、薪と生地の位置関係の違いにより、生地が強く熱を受ける部分（早く焼き上がる部分）が異なることも考慮しておく。

{ 窯のスタンバイ }

1 火を落とした翌日の窯内の状態。燃え尽きた薪やおがくずが灰色の山となっている。

2 前日に稼動していた窯は、炭のような薪の燃えかすがなくても200℃近い温度を保っている。その余熱でパンを焼くといった利用法もある。

3 灰や燃えかすをパーラーですくい、金属製の容器に移す（余熱でパンを焼く場合は、その後に行う）。火や熱が完全になくなるのを待って廃棄する。

4 細い薪を炉の左奥に置き、新聞紙やおがくずを燃やして薪に着火する。燃え出したら薪を継ぎ足し、徐々に太いものに変えていく。

5 太い薪が燃え出すと、最初は激しく炎が上がって窯の内部が明るくなる。その後、煤が出はじめ、次第に薄暗くなる。

6 温度がさらに上がるとふたたび明るくなる。点火は営業の2時間前が目安。営業後には窯の入口に蓋をする。

Point
窯の温度は400〜450℃

窯の温度は400〜450℃が適当。営業中は適温を保つために、細い薪やおがくずで調整する。太い薪は燃え尽きたら随時補給する。灰や燃えかすは溜めずにこまめに捨て、窯内をすっきりとした状態に保つ。

ピッツァを置く位置

ピッツァを炉床のどこに置いて焼くかは、薪をくべる位置で決まる。ピッツァは薪とは反対側の壁際に置くのが鉄則。薪が左奥なら右の壁際（時計の文字盤の3〜4時の位置が目安）、薪が右奥なら左の壁際（同8時〜9時の位置が目安）に置くことになる。

手ごねのこだわりピッツァ

技術指導　池田哲也（ベッラ・ナポリ）

元来、ナポリピッツァの生地は、職人が手でこねていた。
多大な労力を費やすその作業は、時代の流れとともにスパイラルミキサーを使う形へと移行。
しかし、いまなお"手ごね"を選択する職人も存在する。東京・森下に店を構える池田哲也氏もそのひとり。
材料や窯、薪にも特別なこだわりを持つ氏のピッツァづくりには、自店の味を追求するためのヒントが詰まっている。

{ 材料選び }

本場ナポリの忠実な再現よりも、日本人の嗜好にマッチした味を意識。イタリアでは、カプート社の小麦粉と、ビールやぶどうからつくる天然酵母を使うのが主流だが、同店では国産小麦粉2種とホシノ天然酵母を使用。一方、トマトソースは「同じ製品でも甘みや酸味が異なるケースがある」（池田氏）ため、特徴の異なるホールトマト3種（写真）を組み合わせて味のバランスを図っている。

生地の材料

小麦粉（2種ブレンド）…2.429kg
　┣Ⓖ桔梗（多田製粉）
　┃　…96.6～96.7%
　┗白梅特号（多田製粉）
　　　…3.3～3.4%
塩水…右記より1.45ℓ
ホシノ天然酵母からおこした生種
　…右記より150g

●塩水
塩…50g
水（硬度33.1、pH7.0の市販の
　ミネラルウォーター）…1ℓ
●ホシノ天然酵母からおこした生種
ホシノ天然酵母…500g
水（硬度33.1、pH7.0の市販の
　ミネラルウォーター）…1ℓ

トマトソースの材料

ホールトマト（3種ブレンド、いずれもイタリア製缶詰）…適量
塩…ホールトマトの重量に対して1%前後

小麦粉は成分分析表（右）をメーカーから定期的に取り寄せ、品質を確認する。ホールトマト（左）はサンマルツァーノ種の製品をメインに、他に2つの製品をブレンドして使う。

小麦粉成分分析表

銘柄	水分	灰分	蛋白質	白度	アミロ
Ⓖ桔梗	14.43	0.395	12.47	79.3	650
白梅特号	14.86	0.344	8.10	82.8	635

湿気は大敵！
小麦粉の保管には細心の注意を

小麦粉は多湿の環境で保管すると、湿気を吸収し、品質が劣化してしまう。また、においの強いものと一緒に保管するとそのにおいが移りやすく、本来の風味を損ねる。ベッラ・ナポリでは、開封前の小麦粉は除湿機を絶えず稼動させた部屋でストック（写真左）。開封したものは、袋ごとビニール袋や麻袋で何重にも覆い（同右）、口をしっかりと縛って密閉し、除湿機をつけた部屋で保管する。

{ 生地づくり① 下準備 }

酵母 ● 生種おこしはトータル3日間以上

1. ボウルに分量の水を入れ、ホシノ天然酵母を加えてしっかりと混ぜる。この時、水の温度は、夏は28℃、冬は30℃が目安。

2. 1を密閉容器に入れ、ラップフィルムを挟んで蓋をし、室温25℃で約50時間おいた後、冷蔵庫に24時間前後おく。

生種が使える状態か否かは、泡の立ち方や味で見極める。密閉容器の蓋には仕込んだ日時と温度を記録しておく。

塩水 ● シャーベット状にして使用

1. ポリ容器に水を入れ、塩を加えてしっかりと溶かす。冷蔵庫に1晩おく。ポリ容器は数本を用意し、何本か塩水をつくり置いておく。

2. 1の塩水の入ったポリ容器のうち数本を冷凍庫に移し、表面に7～8cmほどのシャーベット状の層ができるまで冷やす。

3. 1の塩水と2の塩水をおよそ8:2の割合でミキサーに入れて撹拌し、塩分濃度を均一にする。「塩水を冷やすのは、強すぎないグルテンをつくるため」（池田氏）。

塩水は、冷蔵したもの（写真左・左）と冷凍したもの（同・右）を用意し、ブレンドして使う。写真上はミキサーにかけた後の状態。微小な氷の結晶がわずかに残る。

小麦粉 ● 気密性を高め、冷凍庫でスタンバイ

1. 小麦粉はふるいにかける。

2. 1をボウルに入れてラップフィルムをかぶせ、さらにビニール袋で覆って口を閉じ、冷凍庫で保管する。「湿気を防いで品質を保つ、また強すぎないグルテンをつくるのが狙い」（池田氏）。

小麦粉の下準備は、塩水と同じく使用する前日に行い、冷凍庫で十分に冷やしておく。

{ 生地づくり② こねる、発酵させる }

1 ボウルに小麦粉を入れ、ホシノ天然酵母からおこした生種を加えてさっくりと混ぜ合わせる。

2 塩水を加える。この時、小麦粉の全体にまわしかけず、中央付近に注ぎ入れる。

3 両手を使って混ぜる。動作は、ボウルの底に手を入れ、水のまわっていない小麦粉を手に取り、それを水分のある場所に移動させるイメージ。

4 まとまってきたら、丸く形を整える。

5 ラップフィルムで包み、5分間休ませる。

6 スケッパーで縦4つに切り分ける。

7 切り分けた生地を2つ重ね、手で上から押しつぶすようにしてひとつにまとめる。残りの2つも同様。できあがった2つの生地を重ね、同じ要領でひとつにまとめた後、ラップフィルムで包み、15〜20分間休ませる。

1〜4の作業の目的は、材料をひとまとめにすること。生地に均等に水分を行き渡らせるために、しっかりと混ぜ合わせる必要はない。写真は**4**の生地の断面。水分をたっぷりと含んでしっとりとした部分と、水分が足らず、粉っぽくごつごつとした部分が混在しているのがわかる。

以下の①〜③を2回繰り返す。

①スケッパーで縦4つに切り、それぞれ横に倒して不揃いに小さく切って、ボウルに入れる（写真上）。「生成されたグルテンを切断し、ピッツァに適したほどよい強さ、長さにする。また、小さく切り出した後、ふたたびひとまとめにすることで、水分量が均等になる」（池田氏）。

②塩水（分量外）を少量手に受けてぱっぱとふり（写真下）、手で生地をもむようにして塩水を馴染ませる。作業台に移し、転がすようにしてひとまとめにし、ラップフィルムで包み、1〜2分間休ませる。塩水をふるのは、一度目は水分調整、二度目は保湿が目的。

③スケッパーで縦4つに切り分け、**7**と同じ要領でふたたびひとまとめにする。ラップフィルムで包み、1〜2分間休ませる。

8

9 スケッパーでジグザグに切れ目を入れて1本の帯状にする。それを半分に折る。

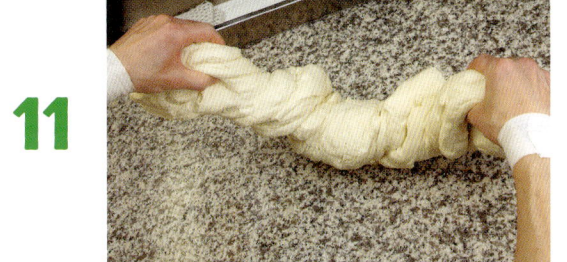

11 生地の中心をややたゆませ、両腕を上下させて遠心力でのばしながら、作業台にたたきつける。

10 生地の両端を手で持ち、右手と左手を逆に回してねじる。

12 丸く形を整えた後、ラップフィルムで包み、ビニール袋に入れて口を縛る。冷蔵庫に24時間おく。

13 生地を作業台に移し、両手でやさしく広げる。24時間経った生地の表面は、油を塗ったようにしっとりとした状態。

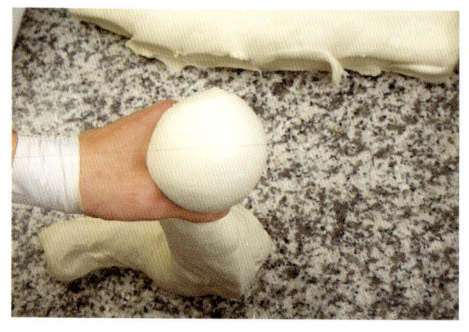

15 生地の端から1枚分の分量（200～205g）を大まかに丸め、ちぎり取る。

14 スケッパーで4～5本の帯状に切り分ける。

16 番重に並べ、湿らせた布巾をかけて冷蔵庫に45分間おく。使用3～4時間前に冷蔵庫から出し、室温に戻す。

最終発酵前 → 最終発酵後

写真左は**16**で番重に並べたばかりの生地。右は使用直前の生地。十分に発酵した生地は、倍以上に膨らみ、しっとり、つややか。耳たぶよりもやわらかいが、縁は番重にべたっとつかず、ぴんと張っている。

発酵の加減が仕上がりの差に

生地の発酵が不十分だと、焼いた時に膨らまず、焼き色は濃く、かたい仕上がりになる。また、発酵しすぎても同様。写真は、ベストの状態の生地（左）と、発酵が足りていない生地（右）を同じ温度、時間で焼き上げたもの。

まだまだある、ピッツァづくりのこだわり

①薪窯のつくり

ベッラ・ナポリの薪窯（写真左）は、ナポリの職人を日本に呼び寄せてつくり上げたもの。二重壁のように積み上げた大谷石や耐火レンガの間に溶岩を砕いた砂などを詰めているが、溶岩はイタリア・ヴェスヴィオ火山のもの（同右）を使うなど、資材までこだわった本場さながらの仕様。

「溶岩砂や、日本の大谷石のような凝灰石（火山灰が堆積してできた岩石）を窯づくりに用いるのは、ナポリの伝統的な手法。優れた蓄熱性で炉内を高温に保つとともに、遠赤外線効果により、生地にしっかりと熱を伝えることができる」（池田氏）

②薪の選び方

日本のピッツェリアで使う薪は、ブナ、ナラ、カシが主流。同店では基本的にナラ（写真左）を使用するが、中でもかたく、重いものを業者に指定して仕入れている。また、薪割りは自店で行う。斧でさまざまな太さに割り（同右）、薪窯の下部にあるスペースに保管する。

「日陰で育った年輪の幅が狭い木ほど、かたく、重い薪になり、安定した火力で長く燃え、遠赤外線効果にも優れている。軽く細い薪は火をつけやすいものの、火力が弱く、遠赤外線効果も低いため、それだけで焼くと生地の膨らみが悪く、生焼けになりやすい」（池田氏）

③薪窯の操作

薪窯は、新聞紙を火種に細い薪に火をつけ、徐々に太い薪を燃やしてスタンバイ。営業中は、太い薪2〜3本を燃やし続ける。温度が下がった場合は、細い薪をくべて調整。くべる時はパーラーを使い、太い薪は壁側、細い薪は炉の中心寄りにきれいに扇状に置く（写真）のが同店のルール。投げ入れるのはご法度。

「置く場所ひとつで、薪の燃費は変わる。炉内の空気の流れが影響し（P.22参照）、薪は炉床の中心に近い場所に置くほど燃えやすい。炉内が焼成に適した温度になれば、薪をじゃんじゃん燃やす必要はない。その後は、太い薪を壁側に置いてじっくり燃やし、適温を保つ」（池田氏）

ガス窯でおいしく焼く方法

技術指導 **渡邉力友**（ダチーボ コレド日本橋店）

物件の制約で薪窯の導入は難しい──そう嘆く人は少なくない。しかし、薪窯でなくともピッツァをおいしく焼くことはできる。ダチーボ コレド日本橋店のピッツァは、ガス窯で焼き上げた一枚。ピッツァイオーロの渡邉力友氏は、「ガス窯は"もちもち"よりも"ふかっ"とした仕上がりに向く」と語る。生地の材料の配合、そして焼き方が大きなポイントだ。

｛ 生地づくり① こねる ｝

生地の材料

- 小麦粉（2種ブレンド）…1.58kg
  - サッコロッソ（カプート社・イタリア）…41％
  - スーパーカメリヤ（日清製粉）…59％
- 塩…60g
- 生イースト…0.6g
- 水…1ℓ

「基本のナポリピッツァ」（P.8）と比較していただきたい。ダチーボ コレド日本橋店の生地は、生イーストの分量がきわめて少ない。小麦粉は2種をブレンドするが、強力粉のスーパーカメリヤを多めに配合。「ふかっ」と歯切れのよい独特の食感が生まれる。

1 スパイラルミキサーに水と塩を入れて撹拌し、よく混ざったら生イーストを加える。

生イーストはバットに入れ、少量の小麦粉（分量外）と合わせてからミキサーに入れるとよい。

2 小麦粉2種を650gずつ入れてミキサーを回す。途中で、残りのスーパーカメリヤ（280g）を徐々に足し入れ、計15分間こねる。

残りのスーパーカメリヤを加えるのは、生地を手にとって丸め、かたさを確認してから。それに応じて足し入れる分量を調整する。

｛ 生地づくり② 発酵させる ｝

1 生地を作業台に移し、15分間おく。

2 「基本のナポリピッツァ」（P.9）と同様に、1枚分の分量（150g）に丸め、ちぎり取る。番重に並べ、常温に24時間おく。

3 写真は営業2〜3時間前の生地。この時点で発酵は八分段階。営業時にちょうどいい状態となるよう、計算して仕込む。

{ 窯で焼く }

1 焼く直前にガス窯の火力スイッチを強火に切り替え、炉内の温度を470〜480℃まで上げる。

スイッチOFF

スイッチON

2  ピッツァをパーラーにのせ、窯の右奥の炉床に置く。焼成時間は1分間。

3 ピッツァを窯に入れたら、すぐに炉の入口に蓋をする。炉内の温度が500℃程度まで上がったら蓋を外す。

4 パーラーを使ってピッツァを1/3回転させ、もとの炉床に戻す。これを3回繰り返し、まんべんなく焼く。

火力調整の簡便性と強い火力が魅力

スイッチひとつで簡単に火力調整できるのがガス窯の強み。炉内の左側に並んだバーナーから炎が上がり、強力な火力でピッツァを焼く。炉床が高温になりすぎるとピッツァの裏面が焦げやすく、窯も傷むため、アイドルタイムは弱火に設定しておく。

Point

強火で一気に焼き上げる

焼く直前に火力を強火に切り替え、さらに窯の入口に蓋をし、炉内の温度を上げる。500℃近い高温で一気に焼くのがコツだ。ただし、「焼成時間が短いと、生の食材には火が入りにくい」(渡邉氏)ため、そうした食材は事前に火を入れておく。

炎 / ピッツァ / 炉床

Column 1

薪窯のメカニズム

文・**池田哲也**（ベッラ・ナポリ）

燃焼のしくみ①

薪窯では、H形の鉄鋼や耐火レンガなどを枕にして置いた薪が火元になる。空気は窯の正面入口から炉内に進入し、内部をぐるっと回る。この流れによって火元の熱が対流し、ピッツァに届く。火元から天井まで、また火元からピッツァまでの距離が短いほど、ピッツァに伝わる熱は強い。なお、炉内を循環した空気は進入した口から外に出て、その真上にある排気口から煙突へと流れる。

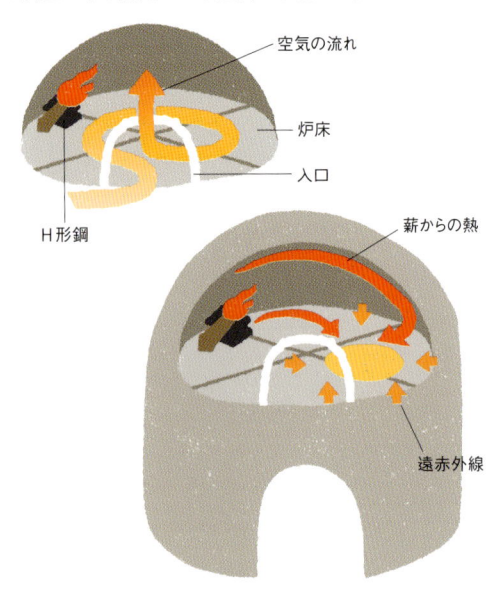

（図：空気の流れ／炉床／入口／H形鋼）

（図：薪からの熱／遠赤外線）

燃焼のしくみ②

炉内でピッツァが直接触れる部分を「炉床」と呼び、耐火レンガでつくるのが一般的。炉床の下にあるのは、海砂と塩の層と、溶岩を砕いた砂と割ったレンガの層。この2つの層は蓄熱性に優れ、炉内を高温に保つのに一役買う。また、海砂と溶岩砂は遠赤外線を発する資材で、薪から生じた熱とこの遠赤外線がピッツァをおいしく焼き上げる。

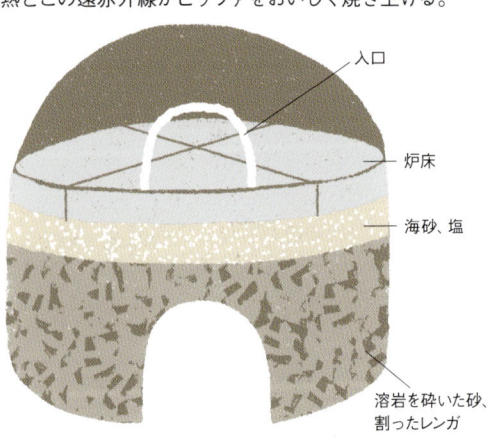

（図：入口／炉床／海砂、塩／溶岩を砕いた砂、割ったレンガ）

ベッラ・ナポリの薪窯の設置工程

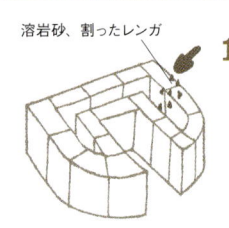

1 火山灰が堆積してできた凝灰石（大谷石など）を並べて土台を組む。この時、二重壁のように組んで、凝灰石の壁と壁の間にできた空洞に溶岩砂と割ったレンガを詰める。
（図：溶岩砂、割ったレンガ）

2 薪の保管に使うスペースの入口に鉄製の枠をはめ、その天井部に耐火レンガをのせる。このスペースは炉床の真下に位置し、炉内の熱でほんのり温かく、薪を乾燥させるのに最適。また、空洞を確保することで窯全体を軽量化できる。
（図：鉄製の枠／薪置き場）

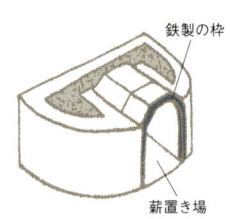

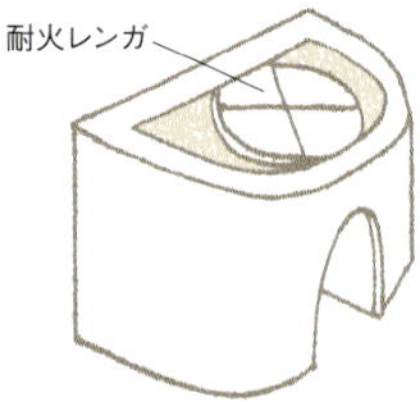

3 ふたたび凝灰石を組み上げ、空洞に溶岩砂と割ったレンガを詰める。窯の中央（炉の真下にあたる部分）に海砂と塩を敷き、その上に扇形の耐火レンガ4枚を円形に並べる。これが炉床となる。
（図：耐火レンガ）

4 3の上にドーム状に砂を盛る。砂の表面に耐火レンガを白セメントで張り合わせ、窯の入口となる部分に鉄製の枠をはめる。レンガのドームができたら、内側の砂を取り除く。
（図：耐火レンガ／砂／鉄製の枠）

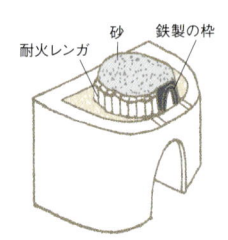

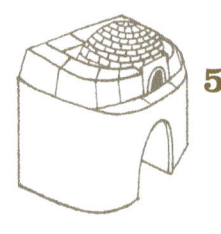

5 ドームを囲むように凝灰石を組み上げる。ドームと凝灰石の壁の間にできた空洞には、溶岩砂と割った耐火レンガを詰める。

6 窯の入口の上部に排気口をつくるため、帽子のつばのように出っ張った形にレンガを組み、つばの縁に鉄製の枠をはめる。煙突につながる排気用の通路を残し、さらに耐火レンガを組む。
（図：空気の流れ／排気用の通路／排気口／鉄製の枠）

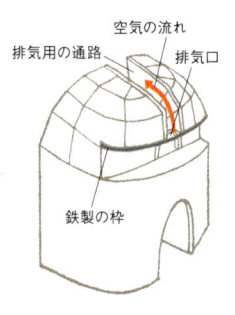

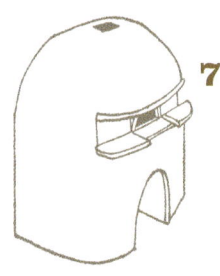

7 排気用の通路の上を耐火レンガで閉じ、外側を白セメントで薄く固め、タイルで装飾して完成。窯の上部には煙突につながる開口部だけが残る。

2

ローマピッツァ＆
ベーカリーのピッツァづくり

薄くクリスピーなローマスタイル、
パンのようにふかふかのベーカリースタイル、
ナポリに負けない魅力的なピッツァを学ぼう。

基本のローマピッツァ

技術指導 **横手うらら**（ピッツェリア・ジェラテリア・ジィオ）

ローマピッツァは生地全体が薄く、食感は軽やかにしてクリスピー。もちもちしたコルニチョーネに縁取られたナポリピッツァとは、持ち味が違うのだ。薄くのばした生地は、ややもするとガリッとかたくなりがちなもの。それをパリッと軽やかに仕上げるカギは、生地づくりと焼き方に隠されている。人気店の技術に学ぼう。

｛ 生地づくり① こねる ｝

生地の材料

小麦粉（2種ブレンド）
├ 強力粉（日本製粉 イーグル）…2kg
└ 薄力粉（日本製粉 ハート）…2kg
ホシノ天然酵母からおこした生種＊…160g
牛乳…280g
オリーブ油…160g
塩（海塩）…80g
水（浄水）…2ℓ

＊ホシノ天然酵母パン種に水を加えて発酵させたもの。

1 材料は強力粉（a）、薄力粉（b）、オリーブ油（c）、牛乳（d）、天然酵母の生種（e）、塩（f）、そして水（g）。

2 スパイラルミキサーに小麦粉と塩を入れる。別のボウルにその他の材料を入れてよく混ぜ合わせ、ミキサーに注ぎ入れる。

3 高速回転で10分間こねる。最初は粉っぽくてボソボソしているが、次第になめらかになり、まとまりがよくなる。

4 写真がこね上がり。粘りはそれほど強くなく、のびがよい。イースト生地に比べて少しやわらかめ。

5 生地をボウルに入れ、表面をなめらかにならす。乾燥を防ぐためにラップフィルムをかけ、30℃程度の場所に20分間おく。

Point

油脂は生地のかたさをやわらげる

油脂を混ぜると生地ののびがよくなり、適度なしっとり感とクリスピーな食感を両立させられる。のびが悪いとかたく締まり、ガリッとかたい食感になってしまう。

天然酵母の生種を使う

天然酵母の生種は、イーストに比べると発酵力が弱いが、ピッツァ生地にはそれほど強い発酵力は求められていない。むしろ、この生種はそれ自体が発酵物なので自然な酸味や旨みを持つ。それが、風味づくりに一役買っている。

{ 生地づくり② **発酵させる** }

1

生地を1枚分（130g）ずつに分けていく。手でつかみ取って、カードで切る。

量りで正確に計量する。この一連の作業は、手早く一気に行うこと。時間がかかるとボウル内の生地がダレて、扱いにくくなる。

2

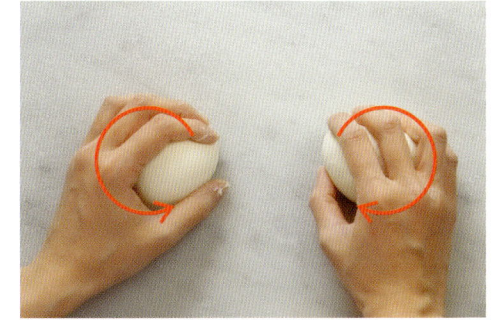

計量した生地を手で転がして丸める。コツは、生地の切断面、角、端をすべて裏側にまとめ、表面を張らせること。

丸め終わった生地の裏側。生地の端が中央付近に集められて、おへそができている。

3

番重に並べて発酵させる。まず、20℃程度の場所に12時間おく。

生地は倍ほどに膨らむ。さらに常温に2〜3時間おく。この時、発酵の進み方が遅ければ、窯のそばに置くとよい。

Point

発酵中は生地の状態に気を配る

発酵中の生地は乾燥しやすいため、乾いていたら霧吹きで湿らせる。そのままにしておくと、生地をのばした時に表面が荒れてしまう。発酵の進み方は、生地の膨れ具合で判断できる。様子を見ながら、ケースを置く場所（温度帯）を変えて調節するとよい。

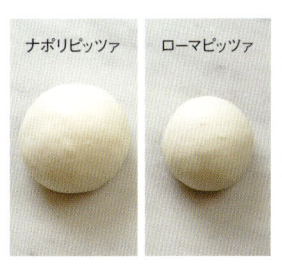

ナポリピッツァ　ローマピッツァ

ローマピッツァは生地量が少ない

ジィオの生地量は1枚130g。一方のナポリピッツァは、通常200g以上。ボリュームが違えば、食べ応えも変わる。ローマピッツァの軽やかさは、薄さだけでなく、生地量によるところも大きい。

｛ 生地づくり③ **のばす** ｝

1 
生地にも手にも、打ち粉をたっぷりと付ける。生地を持ち、縁から2cm内側を両親指で押しながら回していく。

2 
2周ぐらい回すと写真のような形になる。親指で押した部分がへこみ、縁と中央は膨らんだまま。

3 
作業台に打ち粉をたっぷりと敷き、生地を置く。手のひらで膨らみを軽く押さえる。

4 
麺棒で生地をのばしていく。生地の向きを何度も変えて、均等な薄さに、正円にのばしていく。

5 
ある程度薄くなったら、両手でさするようにして生地を台の上で回し、さらにのばす（直径約30cm）。

6
透けるほど薄くなった生地を両手で挟み、左右の手にパタパタと交互に打ちつけながら、手前に回転させていく。

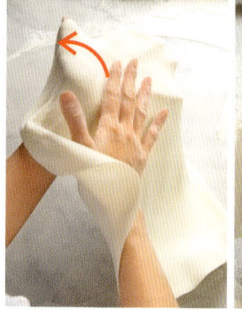

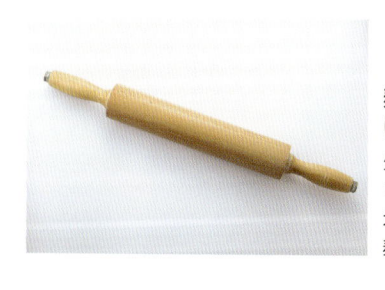

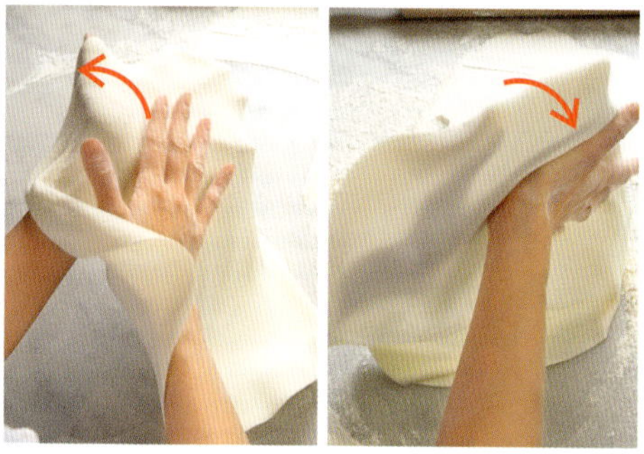

麺棒はローマピッツァに欠かせない道具
生地全体を薄くのばすのが、ローマピッツァの特徴。生地を均一に薄くのばすには、麺棒が欠かせない。

Point
両手のひらでパタパタ回す
生地をのばす最終段階では、生地を両手で挟んでパタパタと交互に打ちつけながら回転させる。この操作により、生地はさらに薄くのび、余分な粉がきれいに落ちる。

{ トマトソースづくり }

材料

ホールトマト缶
　（イタリア製缶詰）…適量
塩…適量

1 ホールトマトは手で軽く握って汁気を切り、へたの付け根や種が残っていれば取り除く。

2 1の果肉をムーランでつぶし、缶に残っている汁を混ぜ、塩で味を調える。

とろりと濃度のあるトマトソース。これが窯の中で熱せられると、水分が飛んで煮詰まり、さらに濃くなる。塩加減は、塩味をつけるというよりも、トマトの酸味を抑える程度。

{ トッピング }

1 トマトソースを生地の中央にのせ、レードルの背で円を描くように広げていく。縁ぎりぎりまで広げる。

2 厚切りにしたモッツァレラを手で大きくちぎり、等間隔に並べる。

3 バジリコをちぎってモッツァレラの上に重ねる。

4 塩を軽くふり、オリーブ油をまわしかける。

Point

モッツァレラは大きくちぎって存在感を強調

ここで使用したモッツァレラは、国産産直品ならではの新鮮なもので、風味が濃く、加熱時の口溶けがよい。その魅力を最大限生かすために、小さくきざまず、厚切りを大きくちぎる。

塩で具材の風味を際立て味わい深く

具材をトッピングした後に塩をふることで、モッツァレラとバジリコの風味がくっきり際立ち、味わい深くなる。トマトソースの塩加減は、最後にふる塩を加味した上で決めている。

{ 窯で焼く }

1 生地の下にパーラーの先を差し入れ、すっとすべり込ませて生地を持ち上げ、窯に入れる。

2 窯の中央あたりに生地を落とし、炉床からの熱で生地に火を通していく。

3 パーラーで生地をめくって裏面の焼け具合を確かめる。軽く焼き色がついてきたら、少しずつ回して縁に焼き色をつけていく。

4 生地に火が通り、裏面と縁に焼き色がついたら、パーラーにのせて窯の上部に持ち上げ、具材を熱する。ソースやモッツァレラがふつふつっと煮えたら、焼き上がり。

窯上部 約**500**℃
炎
ピッツァ
炉床 約**300**℃

ガス窯での焼成方法

ここで使用したのはガス窯。奥に並んだバーナーから炎が上がり、炉床の下にも熱源がある。ジィオでは、炉床の温度が300℃程度になるように設定し、炉床、炎、窯の上部——この3つの特性を利用して焼き上げる。つまり、炉床からの熱で生地を焼き、炎で縁に焼き色をつけ、窯の上部（500℃程度）で具材の加熱を一瞬にして行うのである。

ローマピッツァにはコルニチョーネがない

ローマピッツァは中心から縁まで一様に薄い。この形状こそ、分厚いコルニチョーネを持つナポリピッツァとの最大の違いだ。見た目の軽量感からスナックのような軽さを連想しがちだが、生地が薄いぶんだけトッピングの存在感が増しており、味のインパクトはむしろナポリピッツァよりも強い。

ローマピッツァ

コルニチョーネ
ナポリピッツァ

Column 2

人気店を支える窯とオーブン

お客の目に付きやすいポジションにどんと鎮座する窯。ピッツァにとって、窯をはじめとする
焼成機器は、できばえを決定づける重要なアイテムだ。
薪窯、ガス窯、電気オーブンと、機器のキャラクターは十店十色。
その多様性がピッツァ職人のこだわりの強さを証明している。

①エンボカ（薪窯）、②シシリヤ（薪窯）、③スッド・ポンテベッキオ（薪窯）、④ダチーボ コレド日本橋店（ガス窯）、⑤チェザリ!!（薪窯）、⑥パーレンテッシ（電気オーブン）、⑦ベッラ・ナポリ（薪窯）、⑧ピッツェリア アル・フォルノ（薪窯）、⑨ピッツェリア・ジェラテリア・ジィオ（ガス窯）、⑩ピッツェリア トラットリア パルテノペ 広尾店（薪窯、恵比寿店と同じ仕様）

ベーカリーの ピッツァとカルツォーネ

技術指導　谷嶋安喜（キッキリキ）

「スナック感覚の手軽さ」「時間が経っても、再加熱してもおいしい」、ベーカリーのピッツァにはピッツェリアのピッツァとは異なるニーズがある。そうしたニーズに応えながらも、従来の"そうざいパン"や"パンピザ"のイメージをぬり替えるハイレベルな一品。そんな新スタイルのベーカリーのピッツァづくりを学ぶ。

{ 生地をこねる }

*ピッツァ、カルツォーネ共通

ピッツァ生地の材料

- 小麦粉…1kg
- 塩…20g
- 砂糖…20g
- ドライイースト…8g
- オリーブ油…30g
- 水…630g

カルツォーネ生地の材料

- 小麦粉…1kg
- 塩…22g
- 砂糖…10g
- ドライイースト…4g
- オリーブ油…30g
- 水…560g

キッキリキのピッツァ生地とカルツォーネ生地は、いずれもフォカッチャに似たもっちりとした食感が特徴。使用する小麦粉や材料の配合比率がやや異なるが、「生地をこねる」工程の作業内容は共通。

1 ボウルに小麦粉、塩、砂糖、ドライイーストを入れる。

2 別のボウルに分量の水を入れ、そこにオリーブ油を加える。

3 ミキサーボウルに、1と2を順に入れる。

4 ピッツァ生地は11分間、カルツォーネ生地は6分間こねる。

ピッツァ 　{ 生地を発酵させる }

1 こねた生地を作業台に移し、スケッパーで460g（8ピース分）ずつに切り出す。

2 両手で転がし、丸く形を整える。

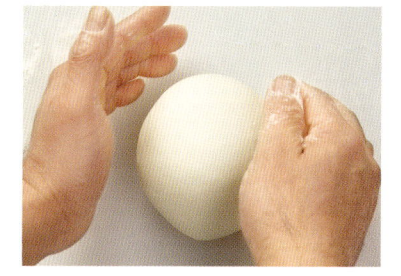

3 乾いた布巾をかけて常温で10分間休ませる。

4 打ち粉をふり、麺棒を使って生地を縦横にのばす。これを両面行う。

カルツォーネ 　{ 生地を発酵させる }

1 こねた生地をボウルに入れ、ラップフィルムをかけて30℃のホイロに90分間おく。

2 スケッパーで1個分（80g）ずつに切り出す。

3 手のひらで軽く押さえながら転がし、丸く形を整える。

4 天板に並べ、乾いた布をかけて30℃のホイロに30分間おく。

ピッツァ

▶ **5**

オリーブ油（分量外）をぬった天板（38cm×60cm）の片側に **4** をのせる。この時、生地の四隅を手で引っぱって天板の天地にぴたりと合わせる。

6

同様に、天板の残りのスペースに生地をもう1枚（460g）のせる。生地の表面に刷毛でオリーブ油をぬる。

7

30℃のホイロに40分間おく。

カルツォーネ 　{ **トッピング、オーブンで焼く** }

▶ **1**

生地を作業台に移す。打ち粉をふり、手のひらで押さえてまんべんなくのばし、直径14.5cmの円形にする。

2

天板に並べ、具材（P.83）をのせる。

3

向こう側の生地を手に取り、具材を覆うように引っぱりながら手前に折って半円形にする。この時、上の生地は具材が隠れる程度にのばすにとどめ、下の生地に余白をつくっておく。

{ トッピング、オーブンで焼く }

1 ピケローラーを転がし、穴をあける。

2 180℃のオーブンで10分間焼く。写真は焼き上がり。

3 トマトソースを塗り、具材をのせる。写真手前は「マルゲリータ」(P.87)、奥は「アンチョビ、ケイパー、ブラックオリーブ」(P.77)。

4 230℃のオーブンに入れ、6分間焼く。焼き上がったら、ピッツァカッターで8等分に切る。

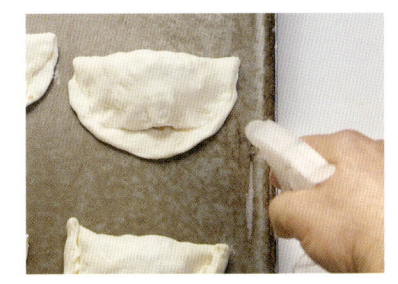

4 下の生地の余白を霧吹きで軽く湿らせる。

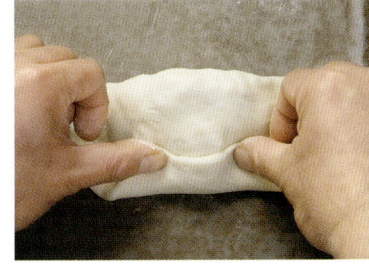

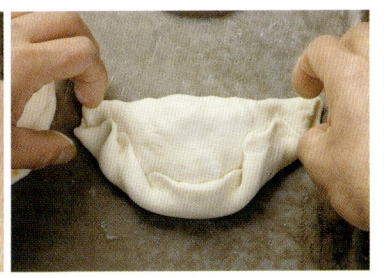

5 下の生地の余白を上に折り返し、上の生地と張り合わせる。

6 235℃のオーブンで8分間焼く。焼き上がったら、EVオリーブ油をまわしかける。

Column 3

薪窯の煙突はどうする?

　ナポリピッツァの再現性を高めるうえで、欠かせないのが薪窯。薪窯の仕組みについては、本書「Column1　薪窯のメカニズム」（P.22）を参照いただくとして、ここでは薪窯の導入における重要な問題点に触れたい。それは煙突のこと。薪窯のように重厚で特殊なハードの導入にはそれなりのコストがかかるが、薪窯はピッツァづくりの心臓部であり、必要な投資として目をつぶらざるを得ない。ただし、そこで盲点になりがちなのが、煙突という薪窯の付加装置にかかるコストだ。

コスト増でも不可欠なマナーへの配慮

　煙突のはじまりは窯の上部。そこから管をのばし、壁を貫通させ、店舗の外壁に垂直に沿わせるのが一般的な施工パターンである。では、どの程度まで煙突を伸ばすべきか。仮に5階建てのビル1階に出店するとしよう。ビルオーナーや管理会社との契約上の制約がなければ、煙突の長さをビル2階までにとどめても十分に店の呈を成す。しかし、大量の排気を伴う薪窯の場合、その長さでは店前が煙臭くなり、いつ苦情が来てもおかしくない。とりわけ、人が密集する都心部の繁華街や住宅街においては、そうした設備不足が店の存続にかかわる大問題へと発展する可能性がある。ゆえに、煙突はビルの屋上まで伸ばすのが理想であろう。

　煙突は伸ばせば伸ばすほど費用がかさむわけだが、さらにその負担が大きくなるケースも。東京・渋谷のピッツェリア アル・フォルノの店主・池上啓助氏はこう語る。「9階建ての屋上まで届く長い煙突をビル壁面に取り付けるにあたり、美観を重視して、定番の丸型ではなくスマートな角型の煙突を選択。しかし、角型煙突を清掃する場合、一般的な丸型の煤払いブラシでは煙突内部の四隅の煤が落とせない。煤が残るとボヤの原因になるので、定期清掃は不可欠。結局、専用の角型ブラシを注文する羽目に……」。もちろん、長い煙突の清掃は専門業者に依頼せざるを得ず、別途費用が発生するのはいうまでもない。

　煙突問題の解消にはお金がかかる。しかし、池上氏の取組みをはじめ、マナーや安全性に配慮した対策は、息の長い繁盛を実現するうえで欠かせないものだろう。

9階建てビルの1階に入居するピッツェリア アル・フォルノでは、美観を意識し、角型煙突を採用。開業当初はビル2階までの長さだったが、マナーアップのためにその後、屋上まで延長。店内でも窯の上部から壁に向かって長い煙突が伸びるが、天井高の空間のため圧迫感は少ない。こちらは丸型煙突を採用。

3

ピッツァのバリエーション

生地というキャンバスの上ではあらゆる表現が可能。
シンプルもよし、ひねりを利かせるもよし。
つくり手の思いと想像力が、ピッツァの価値を押し上げる。

マルゲリータで比較、人気店のピッツァ

ピッツァ＝マルゲリータ、そう考える向きは多い。"不動の四番"といえるこのメニューには、つくり手の思いや主張がぎゅっと詰め込まれている。マルゲリータを通じ、人気店のピッツァづくりの勘どころを探ろう。

※マルゲリータのレシピはP.86・87

チェザリ!!
CESARI!!

- 生地の量・サイズ >> 250g・直径32cm
- 生地のこね方 >> スパイラルミキサー
- 焼成機器・時間 >> 薪窯・1分30秒

生地は250gと食べ応え十分なボリューム。コルニチョーネのごつごつとした無骨なテクスチャーも特徴的。いずれも、"ピッツァ＝大衆料理"という本場・ナポリの粋な食文化をストレートに表現するためのこだわり。

生地の材料

- 小麦粉…1.7kg
  - サッコロッソ（カプート社・イタリア）
- 塩…55g
- 生イースト…2〜5g
- 水…1ℓ

生地づくり

1 スパイラルミキサーに材料を入れてこねる。こねる時間は、生地がまとまりはじめてから20分間程度が目安。
2 打ち粉をふった作業台に取り出し、湿らせた布巾をかけ、30分〜1時間休ませる。
3 1枚分ずつに分けて丸め、番重に移して常温に4時間おく。
4 冷蔵庫に移し、1晩おく。
5 使用2時間前に冷蔵庫から出し、常温にもどす。

スッド・ポンテベッキオ
sud° PONTE VECCHIO

生地の量・サイズ >> 200g・直径27.5cm
生地のこね方　>> スパイラルミキサー
焼成機器・時間 >> 薪窯・1分15秒

生地は小麦粉3種をブレンド。
モッツァレラは太さ約1cmの棒状に切り、
とろっとした食感をアピール。
バジリコは、チーズよりも先にトッピングして
焼けすぎによる色や香りの変化を
防ぐなど工夫が光る。

生地の材料

小麦粉（3種ブレンド）…5kg
├サッコロッソ（カプート社・イタリア）…60%
├マニトバ（カプート社・イタリア）…20%
└Farina 1954（日本製粉）…20%
塩…150g
生イースト…10g
水…3ℓ

生地づくり

1 スパイラルミキサーで材料を17〜20分間こねる。
2 打ち粉をふった作業台に取り出し、1枚分ずつに分けて丸め、番重に移して常温に約6時間おく。
3 冷蔵庫に入れ、1晩おく。
4 使用2〜3時間前に冷蔵庫から出し、常温にもどす。

手ごねによる独自の製法にこだわった一枚。
コルニチョーネが荒々しく膨れ上がり、黄金色に
色づくのは、生地のコンディションが良好な印。
ところどころでチーズとソースが混ざり合い
ピンク色を示すのも、同店のスタンダード。

生地の材料（P.14に詳しく掲載）

小麦粉（2種をブレンド）…2.429kg
├ⓖ桔梗（多田製粉）…96.6〜96.7%
└白梅特号（多田製粉）…3.3〜3.4%
塩水…1.45ℓ
ホシノ天然酵母からおこした生種…150g

生地づくり（P.14に詳しく掲載）

1 ボウルに材料を入れ、手で軽くこねて5分間休ませる。
2 生地を切り分け、それをふたたびひとまとめにする。これを計5回行う。まとめた生地はラップフィルムで包み、1回目は15〜20分間、それ以降は1〜2分間休ませる。
3 生地を帯状にのばし、それをねじった後、作業台にたたきつける。丸くまとめ、ラップフィルムで包んだ後、ビニール袋に入れて口を縛り、冷蔵庫に24時間おく。
4 1枚分ずつに分けて丸め、番重に並べ、湿らせた布巾をかけて冷蔵庫に45分間おく。
5 使用6〜7時間前に冷蔵庫から出し、常温にもどす。

ベッラ・ナポリ
BELLA NAPOLI

生地の量・サイズ >> 200〜205g・直径27.3cm
生地のこね方　>> 手ごね
焼成機器・時間 >> 薪窯・1分30秒前後

ダチーボ コレド日本橋店
DA CIBO

生地の量・サイズ	>> 150g・直径25cm
生地のこね方	>> スパイラルミキサー
焼成機器・時間	>> ガス窯・1分強

生地は150gと小ぶりの設計。やや薄めにのばし、トッピングと一体感のある仕上がりを狙う。"もちもち"よりも"ふかふか"とした軽い口当たりで、主役としてはもちろん、パスタやメインデッシュへのつなぎ役としても最適。

生地の材料
小麦粉（2種ブレンド）…1.58kg
├サッコロッソ（カプート社・イタリア）…41%
└スーパーカメリヤ（日清製粉）…59%
塩…60g
生イースト…0.6g
水…1ℓ

生地づくり（P.20に詳しく掲載）
1 スパイラルミキサーで材料を15分間こねる。
2 打ち粉をふった作業台に取り出し、湿らせた布巾をかけ、15分間休ませる。
3 1枚分ずつに分けて丸め、番重に移して常温に24時間おく。

ナポリのピッツァ職人が、伝統技術の変化の防止と後世への継承を目的に発起した「真のナポリピッツァ協会」。その日本支部の加盟店である同店は、協会が定めるレシピを踏襲し、ナポリピッツァのスタンダードを再現する。

生地の材料
小麦粉…1.8kg
└ルスティカ（日清製粉）
塩…50g
生イースト…1〜5g
水…1ℓ

生地づくり（P.8に詳しく掲載）
1 スパイラルミキサーで材料を15〜20分間ほどこねる。
2 打ち粉をふった作業台に取り出し、湿らせた布巾をかけ、1時間休ませる。
3 1枚分ずつに分けて丸め、番重に移して常温に7〜8時間おく。

ピッツェリア トラットリア パルテノペ 恵比寿店
Pizzeria Trattoria Partenope

生地の量・サイズ	>> 200g・直径27cm
生地のこね方	>> スパイラルミキサー
焼成機器・時間	>> 薪窯・1分〜1分30秒

ピッツェリア・ジェラテリア・ジィオ
―― Pizzeria Gelateria zio ――

生地の量・サイズ >>	130g・直径30cm
生地のこね方 >>	スパイラルミキサー
焼成機器・時間 >>	ガス窯・3分40秒

生地は縁まで薄く、ソースは縁ぎりぎりまで――これがローマ流。食べ心地は軽くても味のインパクトは強い。とろりと濃いトマトソースに厳選国産モッツァレラの濃厚なミルク味が重なり、ひと口目からいきなり圧倒される。

生地の材料 （P.24に詳しく掲載）

小麦粉（2種ブレンド）…4kg
└イーグル（日本製粉）…50%
└ハート（日本製粉）…50%
ホシノ天然酵母からおこした生種…160g
牛乳…280g
オリーブ油…160g
塩…80g
水…2ℓ

生地づくり （P.24に詳しく掲載）

1 スパイラルミキサーで材料を10分間こねる。
2 ボウルに移し、ラップフィルムをかけて30℃程度の場所に20分間おく。
3 1枚分ずつに分けて丸め、番重に並べてラップフィルムをかけ、20℃程度の場所に1晩（約12時間）おく。
4 発酵が順調に進んでいれば、窯からやや離れた場所に2～3時間おき、もう少し発酵させたい場合は、窯に近い温かい場所に2～3時間おく。

ふかっと厚い、きつね色のコルニチョーネが美しい。生地には5種類の国産小麦粉を使い、ビールを混ぜて味づくり。弾力感があって具とのなじみが格別にいい。たっぷりのトマトソースとモッツァレラがジューシーに溶け合う。

生地の材料

小麦粉（5種ブレンド）…5kg
└国産小麦粉5種類[*1]
塩…120g
生イースト…10g
水…3ℓ
ビール[*2]…少量

[*1] 福島県以北で生産された小麦に限定して使用。
[*2] 酵母の働きが期待できることと、味づくりのためにベルギービールを使用。

生地づくり

1 スパイラルミキサーで材料を10分間ほどこねる。
2 ボウルに移し、ラップフィルムをかけて常温に3時間おく。
3 1枚分ずつに分けて丸め、ひのき製の木箱に並べ、常温に4時間おく。

エンボカ
―― en boca ――

生地の量・サイズ >>	230g・直径28cm
生地のこね方 >>	スパイラルミキサー
焼成機器・時間 >>	薪窯・1分40秒

小麦の香りにとことんこだわり、農家直送の挽きたて国産石臼挽き小麦粉をブレンド。フスマが混じるため"もちっ"としたひきはなく、"かふっ"と歯切れのよい食感。トマトソースはこぼれんばかりにたっぷりと。

生地の材料

小麦粉（2種ブレンド）…2.6kg前後
├石臼挽き国産小麦粉…約40％
└国産小麦粉…約60％
塩…適量
生イースト…12g
水…1.5ℓ

生地づくり

1 フックを装着した縦型ミキサーで材料を約9分間こねる。
2 打ち粉をふった作業台に取り出し、手でこねつつまとめる。
3 1枚分ずつに分けて丸め、番重に並べる。かたく絞ったぬれタオルをかけ、冷蔵庫に1日（約20時間）おく。

パーレンテッシ
Parentesi

- 生地の量・サイズ　>> 190g・直径26cm
- 生地のこね方　　　>> 縦型ミキサー
- 焼成機器・時間　　>> 電気オーブン*・1分45秒

＊熱を蓄える力が高まるように改造したもの

ピッツェリア アル・フォルノ
Pizzeria al forno

- 生地の量・サイズ　>> 200g・直径27cm
- 生地のこね方　　　>> スパイラルミキサー
- 焼成機器・時間　　>> 薪窯・1分50秒

ナポリ風ピッツァは縁が厚くて食べ切れない、という向きにおすすめの一枚。生地量を控えて縁を厚くしすぎず、しっかり焼いて水分を飛ばすのがポイント。香ばしくて軽い生地は酒にも合い、バルスタイルの店にぴったり。

生地の材料

小麦粉…1.6kg前後
└スーパーカメリヤ（日清製粉）
塩…49g *1
生イースト…3〜14g *2
水…1ℓ

＊1 フランス産ゲランドの塩29g＋イタリア産の塩20g。
＊2 店が狭くて室温の年間変動が大きいため、イースト量で発酵調整している。夏期は発酵しやすいため少なめ、冬期は多め。

生地づくり

1 スパイラルミキサーに水を入れ、生イースト、塩の順に溶かす。小麦粉を加え、10分間こねる。
2 打ち粉をふった作業台に取り出し、手で軽く練り合わせる。しっとりとして、耳たぶくらいのやわらかさになればよい。
3 ひとまとめにしてボウルに入れ、ラップフィルムをかけて常温に8時間おく。
4 1枚分ずつに分けて丸める。スプルス（カナダひのき）製の箱に並べ、箱ごとラップフィルムで包み、常温に3〜4時間おく。
5 発酵を抑えるために冷蔵庫に入れ、1晩おく（約15時間）。
6 使用2時間前に冷蔵庫から出し、常温にもどす。

オリーブ油と砂糖を混ぜ入れた生地は、
もっちり、しっとりとした口当たりで、
ほんのりとした甘みを特徴とする。
スライスしたトマトを敷き詰め、
さわやかさもプラス。ピッツァと肩を並べる
"パンピザ"の実力者。

生地の材料

小麦粉（2種ブレンド）…1kg
　※日清製粉の製品2種
塩…20g
砂糖…20g
ドライイースト…8g
オリーブ油…30g
水…630g

生地づくり （P.30に詳しく掲載）

1 ボウルに小麦粉、塩、砂糖、ドライイースト、別のボウルに水とオリーブ油を入れる。それぞれ混ぜてフックを装着した縦型ミキサーに移し、11分間こねる。
2 打ち粉をふった作業台に取り出し、460gずつに分けて丸め、布をかけて10分間休ませる。
3 天板にのせて長方形に成形し、30℃のホイロに入れて約40分間おく。
※焼成後に1ピース分ずつに切り分ける。

シシリヤ
Sisiliya

生地の量・サイズ　>> 220g・直径25cm
生地のこね方　>> 手ごね
焼成機器・時間　>> 薪窯・1分15秒

トマトソースの酸味、チーズのコク、バジリコのさわやかさ、
薪の軽い燻し香──すべてのバランスがとれた逸品。
もちもちしすぎず、かたすぎず、の絶妙なテクスチャーは、
手ごねと確かな焼きのテクニックから生まれる。

生地の材料

小麦粉（3種ブレンド）…12kg
├国内メーカー品（強力粉）…25%
├国内メーカー品（中力粉）…約67%
└イタリアメーカー品…約8%
塩…約320g
生イースト…30〜60g
水＊…適量（約6〜8ℓ）
＊沸騰させて1晩おいた水。

生地づくり

1 生イーストを予備発酵させる。小さなボウルに生イーストを入れ、砂糖と水各少量（分量外）を加えて完全に溶かし、常温に10分間ほどおく。
2 番重に小麦粉、塩、**1**を入れ、水を様子を見ながら何度かに分けて加え混ぜ、粉に吸水させる。
3 打ち粉をふった作業台に生地を取り出し、両手で20分間ほどこねる。最初はぼこぼこしていた表面がすべすべになったらこね上がり。
4 1枚分ずつに分けて丸め、番重に並べる。
5 冷蔵庫に1日（約20時間）おく。
6 冷蔵庫から出して常温に7〜13時間おく。

キッキリキ
CHICCHIRICHI

生地の量・サイズ　>> 約58g・13.5cm×9.5cm
生地のこね方　>> 縦型ミキサー
焼成機器・時間　>> 電気オーブン・生地の素焼き
　　　　　　　　　　10分＋トッピング後6分

定番ピッツァあれこれ

ピッツァの真髄は、定番メニューを抜きにしては語れない。生地とトッピングの最高のマッチング、それが定番たるゆえんだ。無限に広がるピッツァのバリエーション、その基本を学ぼう。

ピッツェリア トラットリア パルテノペ 恵比寿店
ピッツァ D.O.C.

水牛のモッツァレラなど素材を厳選し、フレッシュトマトのみずみずしさをプラスしたワンランク上のマルゲリータ。「D.O.C.」は「原産地統制呼称」の意味でワインなどにも用いられる。同店ではこのメニューに店名を冠し、「ピッツァ パルテノペ」として販売。

材料・1枚分
生地（P.8）…200g
トマトソース（P.86）…40g
チェリートマト…60g
水牛のモッツァレラ（小さく切る）…80g
パルミジャーノ（粉）…10g
バジリコ…5枚
塩、EVオリーブ油

つくり方
1 チェリートマトは縦半分に切り、さらに3〜4等分に切る。
2 生地を手で丸くのばし、トマトソースをぬる。
3 水牛のモッツァレラを並べる。パルミジャーノをふり、チェリートマトをのせ、バジリコをちぎって散らす。塩をふり、EVオリーブ油をまわしかける。
4 パーラーに移し、窯に入れて焼く。

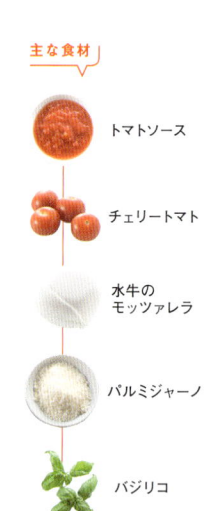

主な食材
- トマトソース
- チェリートマト
- 水牛のモッツァレラ
- パルミジャーノ
- バジリコ

厳選素材でつくるワンランク上のマルゲリータ

> マリナーラを
> 食べずしてピッツァを
> 語るなかれ

シシリヤ
マリナーラ

ピッツァ通いわく、「マリナーラを食べるとその店の実力がわかる」。
生地とトマトソースの量感のバランス、にんにくやオレガノの効かせ方に
店主の考えが表れる。このマリナーラは、シンプルにして究極のバランス。

材料・1枚分

生地（P.41）…220g
トマトソース（P.87）…約110㎖
プチトマト…2個
オレガノ（乾燥）…2つまみ
にんにくのオリーブ油煮＊…小さじ1弱
パルミジャーノ（粉）…1つかみ半
オリーブ油

＊みじん切りにしたにんにくをオリーブ油で煮たもの。

つくり方

1 生地を手で丸くのばし、トマトソースをぬる。
2 プチトマトを4等分のくし形に切ってのせ、オレガノをふる。にんにくのオリーブ油煮を散らし、パルミジャーノをふり、オリーブ油をまわしかける。
3 パーラーに移し、窯に入れて焼く。

主な食材
- トマトソース
- プチトマト
- オレガノ
- にんにくのオリーブ油煮
- パルミジャーノ

ベッラ・ナポリ
クアトロフォルマッジ

タレッジョやゴルゴンゾーラ・ピカンテなど独特のクセを持つチーズをブレンド。濃厚なチーズの味わいを考慮し、オリーブ油の量はマルゲリータの半分程度に抑えるとともに、バジリコでさわやかな風味をプラスする。

材料・1枚分

生地(P.14)…200〜205g
モッツァレラ(厚さ約1cmの輪切り)…70g
ゴルゴンゾーラ・ピカンテ[*1]…3g
タレッジョ[*2]…3g
パルミジャーノ(粉)…10g
バジリコ…2枚
ブレンド油[*3]

*1 牛乳を用いた青カビ系のチーズの辛口タイプ。イタリア産。
*2 牛乳を用いたウォッシュ系のチーズ。イタリア産。
*3 EVオリーブ油と紅花油を1:9の割合でブレンドしたもの。

つくり方

1 生地を手で丸くのばし、モッツァレラ、ゴルゴンゾーラ・ピカンテ、タレッジョを順にちぎってのせる。パルミジャーノをふり、バジリコをちぎって散らし、ブレンド油をまわしかける。

2 パーラーに移し、窯に入れて焼く。

主な食材

- モッツァレラ
- ゴルゴンゾーラ・ピカンテ
- タレッジョ
- パルミジャーノ
- バジリコ

チーズが力強く主張。こってりピッツァの最右翼

薄い生地
ゆえの美味。
ローマピッツァの
真骨頂

ピッツェリア・ジェラテリア・ジィオ
マルゲリータ・ビアンコ

薄い生地の中に"パリパリ"と"しっとり"が共存するのがローマピッツァの魅力。
その軽い生地の上で、セミドライトマトとジェノヴァペーストという
味の強いものどうしが拮抗する。味も食感も見事なバランス。

主な食材

モッツァレラ

自家製セミ
ドライトマト

ジェノヴァ
ペースト

材料・1枚分
生地(P.24)…130g
自家製セミドライトマト…1.5個分
├トマト…適量
└オリーブ油…適量
モッツァレラ(1cmの角切り)
　…40〜50g
ジェノヴァペースト*…大さじ2
塩、オリーブ油

*バジリコ、パルミジャーノ、にんにく、オリーブ油をミキサーで混ぜ合わせたもの。

つくり方
1 自家製セミドライトマトをつくる。
① トマトは半分に切ってバットに並べ、100℃のオーブンで中心にやわらかさが残る程度に乾燥焼きする。
② オリーブ油に漬けて保存する。
2 生地を手である程度のばし、さらに麺棒で丸く薄くのばす(直径約32cm)。ピケローラーまたはフォークを使って全面に穴をあける(穴をあけないと全面が膨らんでしまう)。
3 モッツァレラを全面に散らす。**1**のセミドライトマトを3等分のくし形に切ってのせ、ジェノヴァペーストをところどころにのせる。
4 塩をふり、オリーブ油をまわしかける。
5 パーラーに移し、窯に入れて焼く。

ごろごろと盛り付けた野菜が主役のピッツァ

ダチーボ コレド日本橋店
オルトナーラ

パプリカやプチトマトといった定番野菜と、旬の野菜を組み合わせた一枚。ここでは春の野菜から菜の花をチョイス。チーズは控えめにトッピングして、甘み、苦み、酸味など、野菜それぞれの持ち味を生かす。

材料・1枚分

生地（P.20）…150g
トマトソース（P.86）…60g
パプリカ（赤・黄）…計1/3個
菜の花…10g
プチトマト…2個
モッツァレラ（3cm幅にスライス）…40g
トレヴィス…1枚
なす（スライス）…4枚
グラーナ・パダーノ（粉）…5g
塩、こしょう、オリーブ油

つくり方

1 パプリカは表面を焼いて皮をむき、細切りにする。菜の花はゆでて食べやすい大きさに切る。プチトマトは縦4等分に切る。
2 生地を手で丸くのばし、トマトソースをぬる。
3 モッツァレラとトレヴィスをちぎってのせる。なす、パプリカ、菜の花、プチトマトの順にのせ、グラーナ・パダーノをふる。
4 塩とこしょうをふり、オリーブ油をまわしかける。
5 パーラーに移し、窯に入れて焼く。

主な食材
- トマトソース
- パプリカ
- 菜の花
- プチトマト
- モッツァレラ
- トレヴィス
- なす

チェザリ!!
ピッツァ レジーナ

2種の水牛のモッツァレラ（プローヴォラ、ボッコンチーニ）とフレッシュトマトのコンビネーション。トマトは3種をブレンドして甘みや酸味のバランスを図る。焼成時にトマトの水分をしっかりと飛ばすのがポイント。

材料・1枚分

生地（P.36）…250g
トマト*…計80g ┬ チェリートマト大
　　　　　　　├ チェリートマト小
　　　　　　　└ ミディトマト
自家製プローヴォラ（スライス、P.88）…40g
ボッコンチーニ（半分にちぎる）…75g
パルミジャーノ（粉）…10g
バジリコ…6枚
EVオリーブ油

＊小さく切る。汁気の多い場合は、切ってボウルに入れ、軽く塩でもみ、ざるにあけて汁気を切るなど、状態に応じた下処理を施す。

つくり方

1 生地を手で丸くのばす。トマト、自家製プローヴォラ、ボッコンチーニ、パルミジャーノの順にのせ、バジリコをちぎって散らし、EVオリーブ油をまわしかける。
2 パーラーに移し、窯に入れて焼く。

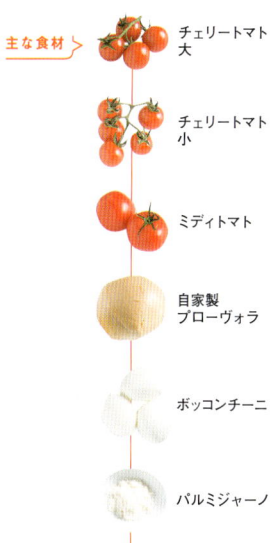

主な食材 ▶
- チェリートマト大
- チェリートマト小
- ミディトマト
- 自家製プローヴォラ
- ボッコンチーニ
- パルミジャーノ
- バジリコ

女王の名を冠した贅沢なマルゲリータ

2種類の
ピッツァが1枚で
楽しめる
ハーフ&ハーフ

ピッツェリア アル・フォルノ
ピカンテ・ヴェルデと
スカモルツァ・ルッコラのハーフ&ハーフ

1枚の生地に2種類のピッツァの具材をトッピング。組合せは自由自在。
食べ合わせを想像しながら注文する楽しさがある。おいしくつくるコツは、
共通の具材を一気にのせてトッピング時間を短縮すること。

材料・1枚分

生地（P.40）…200g
●ピカンテ・ヴェルデ
モッツァレラ（2cm大にちぎる）…半つかみ
マッシュルーム（スライス）…2個
玉ねぎ（スライス）…1/8個
青唐辛子（小口切り）…1本
●スカモルツァ・ルッコラ
トマトソース（P.87）…約50㎖
ルッコラ…2つかみ
スカモルツァ*（半月形のスライス）…8枚
チェリートマト（縦4等分に切る）…2個
●2種共通
アンチョビ…2枚
パルミジャーノ…適量
こしょう、オリーブ油

＊モッツァレラの水分を飛ばし、熟成、燻製させたチーズ。イタリア産。

つくり方

1 生地を手で丸くのばす。
2 左半分にピカンテ・ヴェルデの具材をのせる。モッツァレラをのせ、マッシュルーム、玉ねぎ、青唐辛子を散らす。
3 右半分にスカモルツァ・ルッコラの具材をのせる。トマトソースをぬり、ルッコラをのせる。スカモルツァを並べ、チェリートマトをのせる。
4 左右に共通する具材を全体にのせる。アンチョビを小さくちぎって散らし、パルミジャーノをおろしかける。オリーブ油をまわしかけ、こしょうを挽く。
5 パーラーに移して窯に入れ、じっくり焼いて焦げ目をつける。

主な食材

モッツァレラ
マッシュルーム
青唐辛子
トマトソース
ルッコラ
スカモルツァ
チェリートマト
アンチョビ

ベッラ・ナポリ
ルッコラ エ プロシュット

生ハムの斜面を崩すと、そこに現れるのはルッコラの山。さわやかなハーブの香りが立ち上るサラダのようなこのメニューは、アンティパストとしても楽しめる。ルッコラは苦みの少ないものを選ぶのがポイント。

主な食材
- モッツァレラ
- パルミジャーノ
- ルッコラ
- 生ハム

材料・1枚分
生地（P.14）…200〜205g
モッツァレラ（厚さ約1cmの輪切り）…35g
パルミジャーノ（粉）…30g
ルッコラ…90g
生ハム（スライス）…120g
ブレンド油*

＊EVオリーブ油と紅花油を1：9の割合でブレンドしたもの。

つくり方
1 生地を手で丸くのばし、モッツァレラをちぎってのせ、パルミジャーノをふり、ブレンド油をまわしかける。
2 パーラーに移し、窯に入れて焼く。焼き上がったら、ルッコラをこんもりと盛り付け、それを覆うように生ハムをのせる。
3 パルミジャーノをふり、ルッコラを飾る。

サラダ感覚でアンティパストにも最適

チェザリ!!
シシリアーナ

基本のマリナーラに4種のトッピングを追加。
ポイントは、EVオリーブ油をたっぷりとまわしかけて
焼くこと。窯の中でにんにくのフレーバーが油にじわじわと浸透。
それが生地全体に行き渡り、香り豊かに仕上がる。

材料・1枚分

生地（P.36）…250g
トマトソース（P.86）…100g
オレガノ（乾燥）…1g
チェリートマト*1…15g
アンチョビ（粗みじん切り）…8g
ケイパー（指でつぶし割る）…10g
オリーブ*2…7粒
にんにく（スライス）…1片
バジリコ…4枚
EVオリーブ油

*1 小さく切る。汁気の多い場合は、切ってボウルに入れ、軽く塩でもみ、ざるにあけて汁気を切るなど、状態に応じて下処理を施す。　*2 大粒のものと小粒のものを合わせて使う。

つくり方

1 生地を手で丸くのばし、トマトソースをぬる。
2 オレガノ、チェリートマト、アンチョビ、ケイパー、オリーブ、にんにくの順にのせ、バジリコをちぎって散らし、EVオリーブ油をまわしかける。
3 パーラーに移し、窯に入れて焼く。

マリナーラを
香り高く
ブラッシュアップ

主な食材 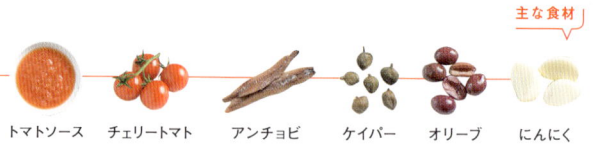
トマトソース　チェリートマト　アンチョビ　ケイパー　オリーブ　にんにく

シシリヤ
フンギ

きのこはピッツァのトッピングに最適。なぜなら高温の
窯で焼くと水分が飛んで、味も食感も強くなるから。
そのうまさをストレートに生かすために、チーズは
パルミジャーノだけ。生地がおいしいからこそ成立するメニュー。

材料・1枚分

生地（P.41）…220g
ぶなしめじ（1本ずつにばらす）
　…1/5パック
まい茸（小さくばらす）
　…1/5パック
椎茸（スライス）…1/2枚
マッシュルーム（スライス）
　…1/2個
ベーコン（スライス）…1.5枚
パルミジャーノ（粉）…2つかみ弱
オリーブ油

つくり方

1 生地を手で丸くのばし、ぶなしめじ、まい茸、椎茸、マッシュルームをのせる。
2 ベーコンを短冊に切ってのせ、パルミジャーノをふり、オリーブ油をまわしかける。
3 パーラーに移し、窯に入れて焼く。

窯焼ききのこの
凝縮した
おいしさを味わう

主な食材
ぶなしめじ　まい茸　椎茸　マッシュルーム　ベーコン　パルミジャーノ

ナポリで定番の冬の家庭料理をアレンジ

ピッツェリア トラットリア パルテノペ 恵比寿店
田舎風ビアンカ

ナポリには「フリアリエッリ」と呼ばれる、かき菜に似たほろ苦い冬野菜がある。ソテーしてサルシッチャの添え物にするのが定番で、それをピッツァにアレンジ。手に入りにくいフリアリエッリはかき菜で代用。

材料・1枚分

生地（P.8）…200g
モッツァレラ（小さく切る）…100g
自家製サルシッチャ…60g

かき菜のソテー…60g
　にんにく（みじん切り）…適量
　オリーブ油…適量
パルミジャーノ（粉）…10g
塩、オリーブ油

つくり方

1 かき菜のソテーをつくる。
① かき菜は食べやすい大きさに切る。
② オリーブ油をひいたフライパンににんにくを入れて火にかけ、香りが出てきたら①を加えてくたくたになるまで炒める。
2 自家製サルシッチャは食べやすい大きさに切る。
3 生地を手で丸くのばし、モッツァレラを並べ、自家製サルシッチャ、かき菜のソテーの順にのせる。パルミジャーノと塩をふり、オリーブ油をまわしかける。
4 パーラーに移し、窯に入れて焼く。

主な食材
モッツァレラ　自家製サルシッチャ　かき菜　パルミジャーノ

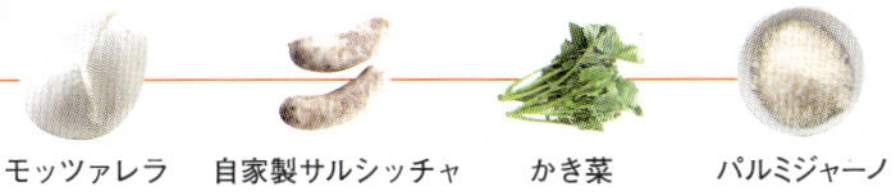

ピッツェリア・ジェラテリア・ジィオ
ロマーナ

ローマを擁するラツィオのサラミとペコリーノを使い、地方性をアピール。サラミは豚肉と脂をじっくり熟成・乾燥させたもので、旨みも塩気も強め。ペコリーノは羊乳の香りを生かすために、焼いた後にのせる。

材料・1枚分

生地（P.24）…130g
トマトソース（P.86）
　…90〜100ml
モッツァレラ（1cmの角切り）
　…40〜50g
オレガノ（乾燥）…1つまみ

ローマサラミ*1（短冊切り）
　…1つかみ
にんにくオイル*2…小さじ2
ペコリーノ・ロマーノ*3（スライス）
　…20片
塩

＊1 粗挽き豚肉に背脂の角切りを混ぜたサラミ。イタリア産。　＊2 オリーブ油にスライスしたにんにくを漬けて香りを移したもの。　＊3 羊乳を用いたハード系のチーズ。イタリア産。

つくり方

1 生地を手である程度のばし、さらに麺棒で丸く薄くのばす（直径約32cm）。トマトソースを全面にぬる。
2 モッツァレラを全面に散らし、オレガノをふる。ローマサラミをのせ、にんにくオイルをまわしかけ、塩をふる。パーラーに移し、窯に入れて焼く。焼き上がったら、ペコリーノ・ロマーノのスライスをのせる。

主な食材
トマトソース　モッツァレラ　オレガノ　ローマサラミ　にんにくオイル　ペコリーノ・ロマーノ

素材使いでローマらしさをアピール

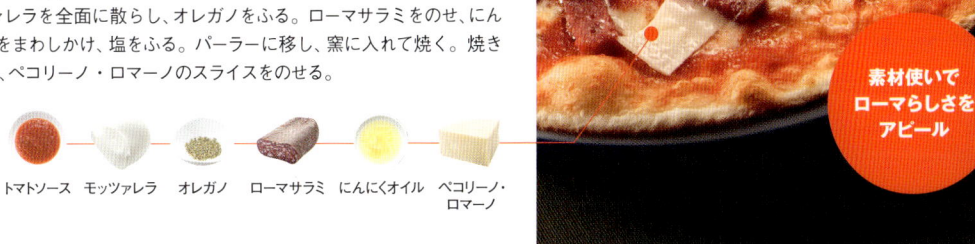

ダチーボ コレド日本橋店
プリンチペッサ

ナポリではトマトソースを使わないピッツァを「ピッツァ・ビアンカ」という。プリンチペッサはそのカテゴリーにおける定番メニューのひとつ。トッピングはシンプルで、プチトマトの甘みや酸味、モッツァレラのコクのバランスが勝負どころ。

材料・1枚分
生地（P.20）…150g
プチトマト…5個
モッツァレラ（3cm幅にスライス）…60g
バジリコ…3枚
グラーナ・パダーノ（粉）…5g
塩、オリーブ油

つくり方
1 プチトマトは縦4等分に切る。
2 生地を手で丸くのばし、モッツァレラをちぎってのせる。プチトマトをのせ、バジリコをちぎって散らし、グラーナ・パダーノと塩をふる。オリーブ油をまわしかける。
3 パーラーに移し、窯に入れて焼く。

"トマトソースなし"の定番メニュー

主な食材
プチトマト　モッツァレラ　バジリコ　グラーナ・パダーノ

ピッツェリア アル・フォルノ
ビスマルク

トマトソース、モッツァレラ、パルミジャーノ、生ハムという定番の具材に、半熟卵でだめ押し。とろとろの卵が生ハムにからみ、口の中でトマトソースと溶け合う。半熟卵をのせるピッツァには「ビスマルク」の名をつける。

材料・1枚分
生地（P.40）…200g
トマトソース（P.87）…約100mℓ
モッツァレラ（2cm大にちぎる）…1つかみ
パルミジャーノ…適量
全卵…1個
生ハム（スライス）…7〜8枚
塩、オリーブ油

つくり方
1 生地を手で丸くのばし、トマトソースをぬる。
2 モッツァレラをのせ、パルミジャーノをおろしかけ、オリーブ油をまわしかける。
3 パーラーに移し、窯に入れる。裏面が焼けたら、窯の入口付近に移動させ、卵を中央に割り落とし、半熟状になるまで焼く。
4 焼き上がったら、生ハムをのせる。オリーブ油をまわしかけ、パルミジャーノをおろしかける。卵を崩し、そこに塩をふる。

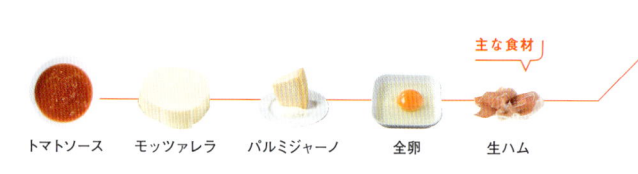

だめ押しの半熟卵が生ハムにとろりとからむ

主な食材
トマトソース　モッツァレラ　パルミジャーノ　全卵　生ハム

親しみやすい味のハムをたっぷりと

パーレンテッシ
モルタデッラとルッコラのピッツァ

ピスタチオと黒粒こしょう入りの豚肉ハム、モルタデッラ。生ハムより塩気も風味もやさしいから、子どもからお年寄りまで、誰もが抵抗なく食べられる。下にはモッツァレラを敷き詰め、上にはルッコラをたっぷりと。

材料・1枚分

生地（P.40）…190g
モッツァレラ*1（細かくちぎる）…約90g
パルミジャーノ…3つかみ
モルタデッラ*2（スライス）…適量
ルッコラ…2つかみ

*1 丸く成形したものではなく、引きのばしたものを編んだトレッジャを使用（ポンティコルボ社製を自店で直輸入）。 *2 豚肉を使ったイタリア産加熱ハム。ピスタチオと黒粒こしょう入り。ボローニャソーセージとも呼ばれる。

つくり方

1 生地を手で丸くのばす。モッツァレラをのせ、パルミジャーノを2つかみまぶす。
2 パーラーに移し、最高温度に設定したオーブンに入れて焼く。裏面に香ばしい焼き色がついたら、それ以上焦げるのを防ぐために、炉床とピッツァの間に鉄網をかませる。
3 焼き上がったら、モルタデッラを隙間なく並べ、ルッコラをのせる。パルミジャーノを1つかみふる。

主な食材 
モッツァレラ　パルミジャーノ　モルタデッラ　ルッコラ

ピッツェリア トラットリア パルテノペ 恵比寿店
最古のピッツァ
マストゥニコーラ

トマトソースやオリーブ油は使わず、チーズもペコリーノを少量用いるにとどめたきわめてシンプルな一枚。ラードとペコリーノの香ばしい香りが肝。一品料理に添えるパンの代わり、またスナックやつまみにも最適。

材料・1枚分

生地（P.8）…200g
ラード…8g
ペコリーノ（粉）…15g
バジリコ…6枚

つくり方

1 ラードは事前に温めて液状にしておく。
2 生地を手で丸くのばし、ラードをぬる。ペコリーノをふり、バジリコをちぎって散らす。
3 パーラーに移し、窯に入れて焼く。

香ばしさが際立つナポリピッツァの原型

主な食材
ラード　ペコリーノ　バジリコ

オリジナルピッツァ図鑑

ピッツァのトッピングにルールはない。ここで紹介するのは、人気店が生み出した
アイデア満載のオリジナルメニュー。ずらりと並んだユニークな顔ぶれに、ピッツァの懐の深さを感じるはずだ。

パーレンテッシ
野生クレソンとえびとリコッタのピッツァ

えびの甘みにクレソンのほろ苦さを重ねた春のピッツァ。リコッタは
脂肪分の少ない、あっさりとしたフレッシュチーズ。そのほんのりした甘みが
えびによく合う。やさしい味わいを生かすために、生地は焦がさずに。

材料・1枚分
生地（P.40）…190g
モッツァレラ*（細かくちぎる）…約80g
えび…9尾
水牛のリコッタ…大さじ3
パルミジャーノ…3つかみ
クレソン…1束
塩、白こしょう

＊丸く成形したものではなく、引きのばしたものを編んだトレッジャを使用（ポンティコルボ社製を自店で直輸入）。

つくり方
1 生地を手で丸くのばし、モッツァレラをのせる。
2 えびは殻をむいて背わたを取り、1の上に等間隔に並べ、塩をふる。リコッタをところどころにのせ、パルミジャーノを2つかみまぶす。
3 パーラーに移し、最高温度に設定したオーブンに入れて焼く。裏面に香ばしい焼き色がついたら、それ以上焦げるのを防ぐために炉床とピッツァの間に鉄網をかませる。
4 焼き上がったら、クレソンをのせ、パルミジャーノを1つかみふり、白こしょうを挽く。

主な食材
- モッツァレラ
- えび
- 水牛のリコッタ
- パルミジャーノ
- クレソン

えびとリコッタのやさしい甘みでまとめた春の一枚

薪窯ピッツァで知る
たけのこの真価

エンボカ
たけのこのピザ

このピッツァを食べると、薪窯が野菜をおいしく調理できる装置であることに気づく。
表面が焦げたたけのこは、みずみずしさに香ばしさが加わって、おいしさ倍増。
味のベースは煮きり醤油。糸唐辛子と木の芽の風味が効いている。

材料・1枚分
生地（P.39）…230g
煮きり醤油…約小さじ1
窯焼きたけのこ*（半月形のスライス）
　…16枚
パルミジャーノ（粉）…2つまみ
モッツァレラ（薄く裂く）…6枚（約60g）
木の芽、糸唐辛子
オリーブ油

*皮付きたけのこを丸のまま、薪窯で焼いたもの。

つくり方
1 生地を手で丸くのばし、パーラーにのせ、煮きり醤油を刷毛でぬる。
2 煮きり醤油をぬった上に、窯焼きたけのこのスライスを美しく並べる。たけのこにも煮きり醤油をぬる。
3 パルミジャーノをふり、薄く裂いたモッツァレラを等間隔にのせ、オリーブ油をまわしかける。
4 窯に入れて焼く。焼き上がったら、木の芽と糸唐辛子をのせる。

主な食材
- 煮きり醤油
- たけのこ
- パルミジャーノ
- モッツァレラ
- 木の芽
- 糸唐辛子

スッド・ポンテベッキオ
SPV

水牛のモッツァレラは火を通さず、生地の焼成後にトッピング。素材本来のみずみずしく繊細な味わいをストレートに伝えるのが狙い。たっぷりのルッコラとチェリートマトを添えて、サラダのような軽い仕立てに。

材料・1枚分
生地(P.37)…200g
トマトソース(P.86)…40g
水牛のモッツァレラ…120g
チェリートマト…40g
バジリコ…3枚
グラーナ・パダーノ(粉)…10g
グラーナ・パダーノ…15g
ルッコラ(粗く切る)…60g
黒こしょう、EVオリーブ油

つくり方
1 水牛のモッツァレラは1.5〜2cmの角切りにし、黒こしょうをふって全体にからめておく。
2 チェリートマトは横半分に切り、さらに縦半分に切って4等分にする。
3 生地を手で丸くのばし、トマトソースを薄くぬる。
4 バジリコをちぎってのせ、グラーナ・パダーノ(粉)をふる。2の半量を散らし、窯に入れて焼く。
5 焼き上がったら、1とルッコラをのせ、グラーナ・パダーノを粗く削って散らす。残りのチェリートマトを散らし、EVオリーブ油をまわしかける。

主な食材
- トマトソース
- 水牛のモッツァレラ
- チェリートマト
- バジリコ
- グラーナ・パダーノ
- ルッコラ

"後のせ"で際立つモッツァレラのキャラクター

イタリア南部の
伝統料理を
解体→再構築

チェザリ!!
ピッツァ パルミジャーナ

イタリア南部には「パルミジャーナ ディ メランザーネ」と呼ばれる、なす、チーズ、ミートソースなどを重ねてオーブンで焼き上げた伝統料理がある。
そのパルミジャーナをつくった後、あえて解体し、ピッツァメニューに再構築した一枚。

材料・1枚分

生地（P.36）…250g
トマトソース（P.86）…70g
チェリートマト*…15g
モッツァレラ（小さく切る）…60g
なすとチーズの重ね焼き…下記より120g
バジリコ…4枚
パルミジャーノ（粉）…15g
EVオリーブ油

なすとチーズの重ね焼き（仕込みやすい量）

なす…4本
トマトソース…200g
リコッタ…120g
ミートソース…200g
バジリコ…6枚
モッツァレラ（1.5cmの角切り）…140g
パルミジャーノ（粉）…320g

＊小さく切る。汁気の多い場合は、切ってボウルに入れ、軽く塩でもみ、ざるにあけて汁気を切るなど、状態に応じた下処理を施す。

つくり方

1 なすとチーズの重ね焼きをつくる。
① なすは2〜3mmの厚さにスライスし、180℃の油で素揚げしてしっかりと油を吸わせる。
② グラタン皿に、トマトソース、①、リコッタ、ミートソース、バジリコ、モッツァレラ、パルミジャーノの順に重ね、これを4回繰り返す。
③ 250℃のオーブンで10分間焼き、3〜4cm幅に切り分ける。

2 生地を手で丸くのばし、トマトソースをぬる。

3 チェリートマト、モッツァレラをのせ、バジリコをちぎって散らし、**1**を適当な厚さに手ではがしてのせる。パルミジャーノをふってEVオリーブ油をまわしかける。

4 パーラーに移し、窯に入れて焼く。

主な食材

トマトソース
チェリートマト
モッツァレラ
なすとチーズの重ね焼き
バジリコ
パルミジャーノ

甘さ＋香ばしさ
＋トロトロ食感の
合わせ技

スッド・ポンテベッキオ
トロトロ下仁田ねぎと自家製スモークチーズ

冬の食材である下仁田ねぎをじっくりと炒め煮して使う。その甘く、とろっとした食味に、自家製スモークチーズの燻した香りやコクがふわっと重なる。ねぎがこんがりと色づき、香ばしい香りが漂ったら、焼き上がりのタイミング。

材料・1枚分

生地（P.37）…200g
トマトソース（P.86）…50g
下仁田ねぎの炒め煮…90g
├下仁田ねぎ…適量
├昆布水*…適量
└オリーブ油…適量
アンチョビ（粗みじん切り）…2g
バジリコ…3枚
自家製スモークチーズ…30g
モッツァレラ（太さ1cm程度の棒切り）…80g
グラーナ・パダーノ（粉）…15g
EVオリーブ油、唐辛子油

＊60℃の湯に昆布を浸したもの。

つくり方

1 下仁田ねぎの炒め煮をつくる。
① 下仁田ねぎは縦半分に切ってから、4～5mm程度の幅にスライスする。
② フライパンにオリーブ油を熱し、①を入れて炒め、昆布水を加えてやわらかくなるまで煮る。
2 自家製スモークチーズをつくる。桜のウッドチップを使い、プロヴォローネ（牛乳を用いたセミハード系のチーズ。イタリア産）を強い煙で15～20分間冷燻する。
3 生地を手で丸くのばし、トマトソースを薄くぬる。
4 アンチョビを散らし、バジリコをちぎってのせる。1をのせ、モッツァレラを半分にちぎって散らし、グラーナ・パダーノをふり、唐辛子油とEVオリーブ油をまわしかける。
5 パーラーに移し、窯に入れて焼く。
6 焼き上がったら、自家製スモークチーズをチーズグラインダーで細く削ってふわっとのせる。

主な食材
- トマトソース
- 下仁田ねぎ
- アンチョビ
- バジリコ
- 自家製スモークチーズ
- モッツァレラ
- グラーナ・パダーノ

ダチーボ コレド日本橋店
天草大王地鶏のピッツァ

付加価値の高い国産食材を使って個性を打ち出した好例。主役は熊本特産の地鶏と緑竹。地鶏は事前に窯でじっくりとローストしておく。仕上げにのせたラルドが余熱で溶け出し、まろやかなコクを与える。

材料・1枚分

生地（P.20）…150g
天草大王地鶏もも肉…35g
緑竹（水煮）…20g
モッツァレラ（3cm幅にスライス）…60g
グラーナ・パダーノ（粉）…5g
ラルド*（スライス）…20g
塩、黒こしょう、オリーブ油

*豚の背脂を香草とともに塩漬けしたもの。

つくり方

1 天草大王地鶏もも肉は、塩と黒こしょうをふって鍋に入れ、窯に入れてローストする。芯まで火が通ったら窯から出し、食べやすい大きさに切り分ける。
2 緑竹は食べやすい大きさにスライスする。
3 生地を手で丸くのばし、モッツァレラをちぎってのせる。**1**と**2**をのせ、グラーナ・パダーノ、塩、黒こしょうをふり、オリーブ油をまわしかける。
4 パーラーに移し、窯に入れて焼く。焼き上がったら、ラルドをのせる。

主な食材
- 天草大王地鶏もも肉 
- 緑竹 
- モッツァレラ 
- グラーナ・パダーノ 
- ラルド 

メインディッシュに匹敵する国産食材の肉料理

こってりチーズに
トマトときのこが
アクセント

主な食材

- モッツァレラ
- ゴルゴンゾーラ
- ゴーダ
- パルミジャーノ
- ぶなしめじ
- まい茸
- 椎茸
- マッシュルーム
- プチトマト

シシリヤ
クアットロ フォルマッジ スペシャル

チーズ好きにはたまらない、こってり系ピッツァ最右翼のクアトロフォルマッジを
きのことプチトマトでアレンジ。トマトの酸味ときのこの歯応えが、
濃厚なチーズを最後まで飽きさせない。黒こしょうの辛みもポイント。

材料・1枚分

生地（P.41）…220g
モッツァレラ（1.5cmの角切り）…120g
ゴルゴンゾーラ…10g
ゴーダ…10g
パルミジャーノ（粉）…2つかみ
ぶなしめじ（1本ずつにばらす）…1/6パック
まい茸（小さくばらす）…1/6パック
椎茸（スライス）…2/5枚
マッシュルーム（スライス）…2/5個
プチトマト…2個
オリーブ油、黒こしょう

つくり方

1 生地を手で丸くのばし、モッツァレラをのせる。

2 ぶなしめじ、まい茸、椎茸、マッシュルームをのせ、ゴルゴンゾーラとゴーダを小さくちぎってのせる。

3 プチトマトを4等分のくし形に切ってのせ、パルミジャーノをふる。オリーブ油をまわしかけ、黒こしょうを挽く。

4 パーラーに移し、窯に入れて焼く。

主な食材

- トマトソース
- 岡山県・吉田牧場のモッツァレラ
- モッツァレラ
- ミニトマト
- バジリコ
- パルミジャーノ

ベッラ・ナポリ
マルゲリータ コン モッツァレラ ディ 吉田

フレッシュなチーズとトマトが上質なハーモニーを奏でるスペシャルな一枚。希少性の高い岡山県・吉田牧場のモッツァレラは、ミルクの凝縮感に優れ、口当たりはなめらか。鮮度を重視し、製造後、間もないものを仕入れている。

材料・1枚分

生地（P.14）…200〜205g
トマトソース（P.86）…50g
吉田牧場のモッツァレラ…60g
モッツァレラ（厚さ約1cmの輪切り）…10g
ミニトマト…3個
バジリコ…2枚
パルミジャーノ…12g
塩、ブレンド油*、紅花油

＊ EVオリーブ油と紅花油を1：9の割合でブレンドしたもの。

つくり方

1 ミニトマトは2等分に切り、塩をふって紅花油に漬ける。
2 生地を手で丸くのばし、2種類のモッツァレラをちぎってのせる。
3 ミニトマトをのせ、バジリコをちぎって散らす。パルミジャーノをふり、ブレンド油をまわしかける。
4 パーラーに移し、窯に入れて焼く。

一級品の国産モッツァレラとトマトの出会い

スッド・ポンテベッキオ
ネオナートと筍のマリナーラ 木の芽の香り

「ネオナート」とは「稚魚」のこと。食味の微妙な違いが楽しい3種の稚魚をたけのことともにトッピングし、マリナーラに春らしさをプラス。たけのこは穂先以外の部分も姫皮のように薄く切り、やわらかな食感を打ち出す。

材料・1枚分

生地（P.37）…200g
トマトソース（P.86）…40g
プチトマト…40g
ゆでたけのこ（P.88）…60g
バジリコ…2枚
ネオナートのソテー（P.88）…35g
オレガノ（乾燥）…1つまみ
にんにく（スライス）…2g
アンチョビ（粗みじん切り）…4g
赤唐辛子のオイル漬け*…適量
モッツァレラ（太さ1cm程度の棒切り）…70g
グラーナ・パダーノ（粉）…10g
木の芽（粗く切る）…適量
塩、EVオリーブ油

＊みじん切りにした赤唐辛子を、オリーブ油に漬け込んだもの。

つくり方

1 プチトマトは横半分に切り、さらに縦半分に切って4等分にし、塩をふる。
2 生地を手で丸くのばし、トマトソースを薄くぬる。
3 ゆでたけのこをのせ、バジリコをちぎって散らす。ネオナートのソテー、プチトマト、オレガノ、にんにく、アンチョビ、赤唐辛子のオイル漬けを散らす。
4 モッツァレラを半分にちぎってのせ、グラーナ・パダーノをふり、EVオリーブ油をまわしかける。
5 パーラーに移し、窯に入れて焼く。焼き上がったら、木の芽を散らす。

主な食材

- トマトソース
- たけのこ
- バジリコ
- ネオナート（しらす、ひうお、しらうお）
- オレガノ
- アンチョビ
- 赤唐辛子
- モッツァレラ
- 木の芽

穏やかで清々しい春満開のフレーバー

パーレンテッシ
ズッキーニと花のピッツァ

ズッキーニの苦みを花とともに味わう

高温で焼いたズッキーニは、シャクシャクとした歯ざわり。甘みの中にかすかに苦みが混じる。上に重ねたのは、ズッキーニの雄花。パルミジャーノをたっぷりまぶしてオイルをかけて焼くと、光り輝く黄金色に。

材料・1枚分
生地（P.40）…190g
ズッキーニ（薄い輪切り）…1/2本
アンチョビにんにくソース（P.89）…大さじ1
パルミジャーノ…2つかみ強
ズッキーニの雄花…約9輪
オリーブ油、白こしょう

つくり方
1 生地を手で丸くのばし、薄切りにしたズッキーニを隙間なく並べる。
2 アンチョビにんにくソースをまわしかけ、パルミジャーノを1つかみまぶす。
3 ズッキーニの雄花を半割りにして、**2**の上に並べる。パルミジャーノを1つかみまぶし、オリーブ油をまわしかける。
4 パーラーに移し、最高温度に設定したオーブンに入れて焼く。裏面に香ばしい焼き色がついたら、それ以上焦げるのを防ぐために窯床とピッツァの間に鉄網をかませる。
5 焼き上がったら、パルミジャーノを少々ふり、白こしょうを挽く。

主な食材: ズッキーニ／アンチョビにんにくソース／パルミジャーノ／ズッキーニの雄花

エンボカ
アスパラのピザ

アスパラのフレッシュネスが窯の中で炸裂！

新鮮なアスパラガスには、ほとばしるようなみずみずしさがある。それをピッツァで見事に表現。味のベースは、玉ねぎとにんにくを混ぜたアンチョビソース。チーズの下にも、アスパラガスがびっしり敷き詰めてある。

材料・1枚分
生地（P.39）…230g
アンチョビソース*…大さじ1
アンチョビ…1/2枚
アスパラガス…8本
パルミジャーノ（粉）…3つかみ
モッツァレラ（厚く裂く）…6枚（約100g）
オリーブ油

＊玉ねぎ、アンチョビ、にんにく、オリーブ油をミキサーで混ぜ合わせたもの。

つくり方
1 生地を手で丸くのばし、パーラーにのせ、アンチョビソースをぬる。
2 アンチョビは小さくちぎって、ソースの上にまんべんなくのせる。
3 アスパラガスは根元のかたい部分を切り落とし、穂先から7cmのところで切る。穂先側は半割りにし、根元側は半割りにしてから乱切りにする。
4 **3**の穂先をソースの外周をなぞって並べ、その内側に乱切りをびっしりと敷き詰める。
5 パルミジャーノをまぶし、モッツァレラを等間隔にのせる。残りの穂先をバランスよくのせ、オリーブ油をまわしかける。
6 窯に入れて焼く。

主な食材: アンチョビソース／アンチョビ／アスパラガス／パルミジャーノ／モッツァレラ

ピッツェリア アル・フォルノ
アルモーニア

山いもをピッツァの具材に、という意表をつくアイデアは、常連客からの提案。トマトソースにまみれた山いもは、ベーコンの風味が移っていてソフトな食感。にんにくもしっかり効いている。

山いもとベーコンがトマトソースを介して調和する

材料・1枚分

生地（P.40）…200g	ベーコン（太めの棒切り）…約10本
トマトソース（P.87）…約100㎖	オレガノ（乾燥）…2つまみ
にんにく（スライス）…1/2片	パルミジャーノ…適量
山いも（短冊切り）…12枚	オリーブ油、塩、こしょう

つくり方

1 生地を手で丸くのばし、トマトソースをぬる。
2 にんにく、山いも、ベーコンをかたよりなくのせ、オレガノをふる。パルミジャーノをおろしかけ、オリーブ油をまわしかける。こしょうを挽き、塩を少々ふる。
3 パーラーに移して窯に入れ、じっくり焼いて焦げ目をつける。

主な食材 
トマトソース　にんにく　山いも　ベーコン　オレガノ　パルミジャーノ

ピッツェリア アル・フォルノ
じゃがいもとベーコン、玉ねぎ、ローズマリーのピッツァ

じゃがいもにチーズやトマトの味を重ね、シチューのようにあたたかみのある一枚に。ゆでたじゃがいもを手でぼろっと割ってのせると、味がからみやすく、食感もほくほくする。ローズマリーの香りがアクセント。

煮崩れたじゃがいもがまるでシチューのよう

材料・1枚分

生地（P.40）…200g	ベーコン（太めの棒切り）…約15本
トマトソース（P.87）…約60㎖	玉ねぎ（スライス）…1/8個
モッツァレラ（小さくちぎる）…1つかみ	ローズマリー…適量
じゃがいも（ゆでて手で割る）…1/2個	パルミジャーノ…適量
	塩、こしょう、オリーブ油

つくり方

1 生地を手で丸くのばし、トマトソースをぬり、モッツァレラをのせる。
2 じゃがいも、ベーコン、玉ねぎをのせ、ローズマリーを散らす。
3 パルミジャーノをおろしかけ、塩とこしょうをふり、オリーブ油をまわしかける。
4 パーラーに移して窯に入れ、じっくり焼いて焦げ目をつける。

主な食材 
トマトソース　モッツァレラ　じゃがいも　ベーコン　玉ねぎ　ローズマリー　パルミジャーノ

にんにくの風味を
まとわせ、ぐっと
男性的な味に

ベッラ・ナポリ
サルシッチャ エ ブロッコリ

紅花油とEVオリーブ油のブレンド油をまわしかけて焼くのが、同店のピッツァの基本。ここではそのブレンド油に、にんにくのフレーバーを移したものを使う。仕上げのひとまわしが、サルシッチャとハムの旨みをアップ。

主な食材
- ブロッコリー
- 自家製サルシッチャ
- モッツァレラ
- パルミジャーノ
- オレガノ
- パセリ

材料・1枚分

生地（P.14）…200〜205g
ブロッコリー…20g
自家製サルシッチャ（P.89）…70g
モッツァレラ（厚さ約1cmの輪切り）
　…70g
ハム…10g
パルミジャーノ（粉）…12g
オレガノ（乾燥）…1つまみ
パセリ（みじん切り）…1つまみ
黒こしょう、にんにく油＊、紅花油

＊EVオリーブ油と紅花油を1：9の割合で合わせたブレンド油に、にんにく（適量）を加えて香りを移したもの。

つくり方

1 ブロッコリーは食べやすい大きさに切ってゆで、紅花油に漬けておく。自家製サルシッチャとハムは食べやすい大きさに切る。
2 生地を手で丸くのばし、モッツァレラをちぎってのせ、1の自家製サルシッチャ、ハム、ブロッコリーを順にのせる。パルミジャーノ、オレガノ、パセリ、黒こしょうをふり、にんにく油をまわしかける。
3 パーラーに移し、窯に入れて焼く。

日本の秋の定番
和食をピッツァに
アレンジ

スッド・ポンテベッキオ
さんまのピッツァマリナーラ

さんまの塩焼きに、大根おろしとすだちを添えて——秋の和食の
定番を、洋のテイストを織り込みながらピッツァに昇華。
和と洋のバラエティに富んだ「薬味」が、
さんまの魅力をいっそう引き出してくれる。

材料・1枚分

生地（P.37）…200g
トマトソース（P.86）…60g
アンチョビ（粗みじん切り）…4g
にんにく（スライス）…2g
赤唐辛子（粗みじん切り）…1つまみ
バジリコ…3枚
モッツァレラ（太さ1cm程度の棒切り）
　…30g

グラーナ・パダーノ（粉）…10g
オレガノ（乾燥）…1つまみ
さんまのマリネ（P.88）…60g
大根おろし…50g
すだちの皮（きざむ）…1/2個分
すだちのしぼり汁…1/2個分
EVオリーブ油

つくり方

1 生地を手で丸くのばし、トマトソースを薄くぬる。アンチョビ、にんにく、赤唐辛子を順にのせ、バジリコとモッツァレラをちぎって散らす。グラーナ・パダーノをふり、オレガノ、さんまのマリネ、大根おろしをのせる。EVオリーブ油をまわしかける。
2 パーラーに移し、窯に入れて焼く。焼き上がったら、すだちの皮を散らし、すだちのしぼり汁をふる。

主な食材
- トマトソース
- アンチョビ
- にんにく
- 赤唐辛子
- モッツァレラ
- オレガノ
- さんま
- 大根おろし
- すだち

パーレンテッシ
しらうおとからすみとアンチョビで塩ピッツァ

ねぎをのせるピッツァはイタリアにもあるが、日本人にはお好み焼きのような気安さがあり、どこか和める味。からすみはイタリアでもおなじみの素材。熟成感のある強い風味と塩気がアクセントになっている。

ねぎのせピッツァは日本人の心を和ませる

材料・1枚分
生地(P.40)…190g
長ねぎ(小口切り)…2つかみ
アンチョビにんにくソース(P.89)
　…大さじ1

しらうお…2つかみ
からすみ(粉)…2つかみ
パルミジャーノ…2つかみ
塩、白こしょう

つくり方
1　生地を手で丸くのばし、長ねぎをのせ、アンチョビにんにくソースをまわしかける。
2　しらうおをのせ、からすみをまぶし、パルミジャーノを1つかみまぶす。
3　パーラーに移し、最高温度に設定したオーブンに入れて焼く。裏面に焼き色がついたら、それ以上焦げるのを防ぐために炉床とピッツァの間に鉄網をかませる。
4　焼き上がったら、パルミジャーノを1つかみふり、白こしょうを挽き、塩をふる。

主な食材
長ねぎ　アンチョビにんにくソース　しらうお　からすみ　パルミジャーノ

チェザリ!!
チェザリ!!

えびとポルチーニの旨みがたっぷりのクリームソースがベース。トッピングした車えびの頭は見た目の演出とともに、焼くことでみそが染み出し、コクを深める役割も担う。ジェノヴァペーストのさわやかさがアクセント。

ハレの日にもってこい！車えびが主役の豪華版

材料・1枚分
生地(P.36)…250g
えびとポルチーニのクリームソース(P.88)
　…60g
トマトソース(P.86)…15g
車えび…1尾

モッツァレラ(小さく切る)…60g
バジリコ…2枚
パルミジャーノ(粉)…10g
ジェノヴァペースト…8g
黒こしょう、EVオリーブ油

つくり方
1　車えびは殻をむいて耐熱容器に入れ、窯に入れて軽く火を通す。頭と身に切り分け、身は厚めにスライスする。頭もトッピングとして使用する。
2　生地を手で丸くのばし、えびとポルチーニのクリームソース、トマトソースを順にぬる。
3　モッツァレラ、車えびの身をのせ、バジリコをちぎって散らし、中央に車えびの頭を飾る。パルミジャーノと黒こしょうをふり、EVオリーブ油をまわしかける。
4　パーラーに移し、窯に入れて焼く。焼き上がったら、ジェノヴァペーストをところどころにたらす。

主な食材
えびとポルチーニのクリームソース　トマトソース　モッツァレラ　窯焼きした車えび　バジリコ　パルミジャーノ　ジェノヴァペースト

チェザリ!!
プルチネッラ

きのこのクリームグラタンを髣髴とさせる、やさしくもコクのあるテイストながら、似て非なるのは「軽さ」。チーズの分量は控えめに、焼成はややしっかりと行いクリスピーに仕上げるのが肝。

> クリームグラタンに似た味わいに「軽さ」をプラス

材料・1枚分

生地（P.36）…250g	自家製プローヴォラ（スライス、P.88）…40g
生クリーム…50g	モッツァレラ（小さく切る）…20g
きのこのソテー（P.88）…35g	パルミジャーノ（粉）…10g
ハム（細切り）…40g	塩、EVオリーブ油
バジリコ…5枚	

つくり方

1　生地を手で丸くのばし、生クリームを薄くぬり、塩を軽くふる。
2　きのこのソテーとハムをのせ、バジリコをちぎって散らし、自家製プローヴォラとモッツァレラをのせる。パルミジャーノをふり、EVオリーブ油をまわしかける。
3　パーラーに移し、窯に入れて焼く。

主な食材 
生クリーム / きのこのソテー / ハム / バジリコ / 自家製プローヴォラ / モッツァレラ / パルミジャーノ

エンボカ
れんこんのピザ

れんこんの穴の奥に見えるのは、深緑色のジェノヴァペーストと松の実。薪窯で焼いたれんこんの、さくさく、ほくほくした食感がとてもリズミカル。香り豊かなペーストが、れんこんと生地の両方をおいしくする。

> 穴の奥にはジェノヴァペースト。どこにもないユニークな造形

材料・1枚分

生地（P.39）…230g	松の実…2つまみ
ジェノヴァペースト*…大さじ3	れんこん…1節

＊バジリコ、にんにく、松の実、オリーブ油、塩をミキサーで混ぜ合わせたもの。

つくり方

1　生地を手で丸くのばし、パーラーにのせる。ジェノヴァペーストをぬり、松の実を散らす。
2　れんこんは皮をむいて厚さ3〜4mmの半月形に切り、ペーストをぬった上に美しく並べる。
3　窯に入れて焼く。

主な食材
ジェノヴァペースト / 松の実 / れんこん

主な食材
- 玉ねぎ
- パプリカ
- ブロッコリー
- ミニトマト
- マッシュルーム
- パルミジャーノ
- パセリ

ベッラ・ナポリ
野菜のピッツァ

野菜がメインでも、「単調」で「あっさり」な味には終わらない。
品種のバラエティ、そして炒める、ゆでる、オイル漬けするといった
ていねいな仕事を施すことで、野菜はぐっと存在感を増す。

材料・1枚分

生地（P.14）…200〜205g
玉ねぎ…10g
パプリカ…10g
ブロッコリー…10g
ミニトマト…3個

モッツァレラ（厚さ約1cmの輪切り）
　…70g
マッシュルーム（スライス）…10g
パルミジャーノ（粉）…12g
パセリ…1つまみ
塩、黒こしょう、ブレンド油*、紅花油

＊EVオリーブ油と紅花油を1：9の割合でブレンドしたもの。

つくり方

1 野菜の下準備をする。
① 玉ねぎは皮をむき、薄いくし形に切る。パプリカは表面を焼いて皮をむき、細切りにして紅花油に漬ける。
② ①をフライパンで軽く炒める。
③ ブロッコリーは食べやすいサイズに切ってゆで、紅花油に漬ける。
④ ミニトマトは2等分に切り、塩をふって紅花油に漬ける。
2 生地を手で丸くのばし、モッツァレラをちぎってのせる。**1**の野菜とマッシュルームをのせ、パルミジャーノ、黒こしょう、パセリをふり、ブレンド油をまわしかける。
3 パーラーに移し、窯に入れて焼く。

見た目はあっさり。でもしっかりと主張

バジリコ生地に
とびきり甘い
トマトをのせて

パーレンテッシ
ピッツァ・ドーロ

生地はバジリコのピュレを練り込んだもの。縁を厚めに膨らませて焼き上げ、噛みしめてその風味を味わってもらう。のせたトマトは高糖度で酸味もある、高知の徳谷トマト。高温で焼くと水分が飛んで、さらに甘みが増す。

> 主な食材
>
> トマト
> バジリコ
> モッツァレラ
> パルミジャーノ

材料・1枚分
バジリコ風味の生地[*1]…190g
トマト(高糖度のもの)
　…小6〜7個
バジリコ…4枚
モッツァレラ[*2](厚く裂く)
　…6枚(90g)
パルミジャーノ…3つかみ
塩、オリーブ油

[*1] バジリコの葉と水少量をミキサーにかけて濾したピュレを生地の材料(P.40)に適量加えてこね上げたもの。ペーストが加わるぶんだけ水分量を控える。
[*2] 丸く成形したものではなく、引きのばしたものを編んだトレッジャを使用。ボンティコルボ社製を自店で直輸入。

つくり方
1 トマトは6等分のくし形に切り、軽く塩をふってしばらくおく。
2 生地を手で丸くのばし、**1**のトマトをのせ、バジリコをちぎって散らす。モッツァレラをのせ、パルミジャーノを2つかみまぶし、オリーブ油をまわしかける。
3 パーラーに移し、最高温度に設定したオーブンに入れて焼く。裏面に香ばしい焼き色がついたら、それ以上焦げるのを防ぐために炉床とピッツァの間に鉄網をかませる。
4 焼き上がったら、パルミジャーノを1つかみふる。

ピッツェリア トラットリア パルテノペ 恵比寿店
スカモルツァ

「スカモルツァ」とはモッツァレラベースのスモークチーズ。スカモルツァの燻した香りとトレヴィスのほのかな苦みが融合した滋味深い味わいは、ワインなどアルコールとの相性がよく、つまみとしても最適。

大人向けの滋味深い味わいは酒にぴったり

材料・1枚分
生地（P.8）…200g
スカモルツァ*…80g
トレヴィス…3枚
パルミジャーノ（粉）…10g
塩、EVオリーブ油

＊モッツァレラの水分を飛ばし、熟成、燻製させたチーズ。イタリア産。

つくり方
1 スカモルツァは薄くスライスする。
2 生地を手で丸くのばす。スカモルツァを敷き詰めるように並べ、トレヴィスをちぎりながらのせ、パルミジャーノと塩をふる。EVオリーブ油をまわしかける。
3 パーラーに移し、窯に入れて焼く。

主な食材 → スカモルツァ　トレヴィス　パルミジャーノ

シシリヤ
マルゲリータ＋オリーブ

黒オリーブの個性がマルゲリータを変える

定番のマルゲリータに黒オリーブをプラスするだけで、強い個性を放つ一枚に。オリーブはひと手間かけてローズマリーとオレガノの香りをつけたもの。その香りがトマトソースに移り、味の奥行きとなる。

材料・1枚分
生地（P.41）…220g
トマトソース（P.87）…約100mℓ
バジリコ…3枚
モッツァレラ（1.5cmの角切り）…60g
黒オリーブのハーブマリネ*…5個
パルミジャーノ（粉）…1つかみ半
オリーブ油

＊市販の黒オリーブをひたひたのオリーブ油に漬け、香りづけ程度にローズマリーとオレガノを加えたもの。

つくり方
1 生地を手で丸くのばし、トマトソースをぬる。
2 バジリコをちぎって散らし、モッツァレラをのせる。
3 黒オリーブのハーブマリネを厚さ5mmにスライスしてのせ、パルミジャーノをふり、オリーブ油をまわしかける。
4 パーラーに移し、窯に入れて焼く。

主な食材 → トマトソース　バジリコ　モッツァレラ　黒オリーブのハーブマリネ　パルミジャーノ

ピッツェリア・ジェラテリア・ジィオ
トンノ・ビスマルク

定番のビスマルクをがらりと雰囲気を変えてアレンジ。ツナを主役に、玉ねぎの香味とケイパーの酸味を重ね、アンチョビで深みをプラス。ソースもチーズも使わないから、生地はクリスピー。半熟卵を崩してソース代わりに。

材料・1枚分

生地(P.24)…130g	アンチョビ(きざむ)…大1.5枚
玉ねぎ(スライス)…1/6個	全卵…1個
ツナオイル漬け(缶詰)…20〜30g	アンチョビオイル*…大さじ3
ケイパー…2つまみ	塩、黒こしょう、オリーブ油

＊アンチョビをきざんでオリーブ油に漬けたもの。

つくり方

1 生地を手である程度のばし、さらに麺棒で丸く薄くのばす(直径約32cm)。ピケローラーまたはフォークを使って全面に穴をあける(穴をあけないと全面が膨らんでしまう)。

2 生地の中央には、卵以外の材料はのせない。まず玉ねぎのスライスを全体にのせ、ほぐしたツナオイル漬け、ケイパー、アンチョビを散らす。

3 塩をふり、オリーブ油をまわしかけ、パーラーに移して窯に入れる。卵を中国料理用の玉杓子に割り落とし、生地の中央にそっとのせ、卵が半熟状になるまで焼く。

4 焼き上がったら、卵に塩、黒こしょうを強めにふり、全体にアンチョビオイルをまわしかける。

主な食材
- 玉ねぎ
- ツナオイル漬け
- ケイパー
- アンチョビ
- 卵
- アンチョビオイル

ビスマルクのクリスピーなニュータイプ

ダチーボ コレド日本橋店
ネロビアンコ

強烈な印象を与える真っ黒な姿。いか墨の独特な香りと、玉ねぎとにんにくの刺激が相まった味わいは、見た目に劣らず力強い。いか墨は白ワインでのばし、トマトソースと合わせることで角がとれ、生地や具材と馴染みやすくなる。

ビジュアルも味わいも超ド級のインパクト

材料・1枚分
- 生地（P.38）…150g
- いか墨のソース
  - いか墨…5g
  - 白ワイン…適量
  - トマトソース（P.86）…60g
- 小やりいか…3杯
- にんにく（スライス）…4g
- 玉ねぎ（みじん切り）…15g
- ケイパー…4g
- オリーブ油

つくり方
1. いか墨のソースをつくる。いか墨を白ワインで溶き、トマトソースを加えてしっかりと混ぜ合わせる。
2. 小やりいかは、わたを取り除いてゆで、ひと口大に切り分ける。にんにくはオリーブ油に漬けておく。
3. 生地を手で丸くのばし、いか墨のソースをぬる。
4. 玉ねぎ、小やりいか、ケイパー、にんにくの順にのせてオリーブ油をまわしかける。
5. パーラーに移し、窯に入れて焼く。

主な食材: 白ワインで溶いたいか墨 / トマトソース / 小やりいか / にんにく / 玉ねぎ / ケイパー

ピッツェリア トラットリア パルテノペ 恵比寿店
桜えびとチェリートマトのピッツァ

桜えびの旬である春限定の季節メニュー。桜えびはマリネにしてからトッピング。火の通りがよくなるとともに焼成時の乾燥を抑える効果があり、しっとりと仕上がる。にんにくとイタリアンパセリを加えて香り高く。

香り高い旬の桜えびで季節感をアピール

材料・1枚分
- 生地（P.8）…200g
- 桜えびのマリネ…60g
  - 桜えび…適量
  - にんにく（スライス）…適量
  - イタリアンパセリ（みじん切り）…適量
- チェリートマト…50g
- モッツァレラ（小さく切る）…50g
- パルミジャーノ（粉）…10g
- イタリアンパセリ（きざむ）…適量
- 塩、EVオリーブ油

つくり方
1. 桜海老のマリネをつくる。ボウルに、桜えび、にんにく、イタリアンパセリ、EVオリーブ油を入れ、12時間おく。
2. チェリートマトは縦半分に切り、さらに3〜4等分に切る。
3. 生地を手で丸くのばし、モッツァレラを並べ、パルミジャーノをふり、桜えびのマリネとチェリートマトをのせる。塩をふって、EVオリーブ油をまわしかける。
4. パーラーに移し、窯に入れて焼く。焼き上がったら、イタリアンパセリをふる。

主な食材: 桜海老 / イタリアンパセリ / チェリートマト / モッツァレラ / パルミジャーノ

食欲を増進させる
唐辛子の
刺激的な辛さ

ダチーボ コレド日本橋店
カラブレーゼ

赤唐辛子と生ハムをベースにつくる自家製ランドゥイア、フレッシュの青唐辛子、自家製サルシッチャの組合せ。ピリッとした辛さと肉の旨みが交差するパンチの効いた味わいで、男性客への訴求力は満点。

材料・1枚分

生地（P.20）…150g
モッツァレラ（3cm幅にスライス）
　…60g
青唐辛子（スライス）…3本
自家製ランドゥイア
　（小さくちぎる、P.88）…10g
自家製サルシッチャ（P.88）
　…25g
グラーナ・パダーノ（粉）…5g
黒こしょう、オリーブ油

つくり方

1 生地を手で丸くのばし、モッツァレラ、青唐辛子をのせ、自家製ランドゥイアをちぎって散らす。自家製サルシッチャをのせ、グラーナ・パダーノと黒こしょうをふり、オリーブ油をまわしかける。
2 パーラーに移し、窯に入れて焼く。

主な食材

- モッツァレラ
- 青唐辛子
- 自家製ランドゥイア
- 自家製サルシッチャ
- グラーナ・パダーノ

ピッツェリア・ジェラテリア・ジィオ
ボンバ

ピッツァの生地は、何ものせずに焼くと窯の中で風船のように膨らむ。薄くて軽い空洞の生地にオリーブ油をかけ、生ハムをたっぷりのせてテーブルへ。お客の前でぷしゅっとつぶし、白ワインとともに生ハム&チップス。

> 空洞の
> パリパリピッツァ
> その名は爆弾！

材料・1枚分
生地(P.24)…130g
生ハム(スライス)…適量
塩、オリーブ油

つくり方
1 冷蔵庫で冷やした生地に打ち粉をたっぷりふり、手である程度のばし、さらに麺棒で丸く薄くのばす(直径約32cm)。厚さを均等にすることが大切。ムラがあると焼成中に破けやすい。
2 パーラーに移し、窯に入れて焼く。球形に膨らんで下半分が完全に焼けるまでは触らない。下側が焼けたら、回したり持ち上げたりして、側面と上面に焼き色をつける。
3 焼き上がったら、オリーブ油をまわしかけて塩を少々ふり、生ハムのスライスをたっぷりのせる。ナイフとフォークで上から押さえてつぶし、好みの大きさに切り分けて食べてもらう。

主な食材 → 生ハム

シシリヤ
ディアブロ ビアンカ

表面の肉片はぴりりと辛いナポリサラミ。「細切りではインパクトが弱い？」などと思うなかれ。旨み濃い、歯応え十分の粗挽きサラミは、細く切ってこそ生地に馴染む。モッツァレラの下には赤唐辛子が隠れている。

> 辛さでぐいぐい
> ひっぱる、ビールの
> すすむ一枚

材料・1枚分
生地(P.41)…220g
赤唐辛子(ごく細い輪切り)
　…1つまみ
モッツァレラ(1.5cmの角切り)
　…120g
ナポリサラミ*(細切り)…35g
パルミジャーノ(粉)…1つかみ半
オリーブ油

＊粗挽き豚肉に背脂の角切りと赤唐辛子を混ぜた辛いサラミ。イタリア産。

つくり方
1 生地を手で丸くのばし、輪切りにした赤唐辛子を細かくちぎって散らす。
2 モッツァレラ、ナポリサラミをのせ、パルミジャーノをふり、オリーブ油をやや多めにまわしかける。
3 パーラーに移し、窯に入れて焼く。

主な食材 → 赤唐辛子　モッツァレラ　ナポリサラミ　パルミジャーノ

キッキリキ
きのこペーストとトマト

風味豊かな自家製きのこペーストが味の決め手。
トッピングは、ミックスチーズ→トマト→モッツァレラの順に
行うのがポイント。これは、ミックスチーズを
接着剤代わりにして、トマトを固定するためのテクニック。

材料・8ピース分

生地(P.30)…460g
自家製きのこペースト…130g
ミックスチーズ…50g
トマト(スライス)…1個
モッツァレラ(ドイツ)…150g
パセリ…適量
塩…適量

つくり方

1 生地をのばして天板にのせ、180℃のオーブンで10分間焼く*。
2 1の全面に自家製きのこペーストをぬり、ミックスチーズ、トマトの順にのせて塩をふる。モッツァレラとパセリをのせ、230℃のオーブンで6分間焼く。

＊生地ののばし方についてはP.31に詳しく紹介。

主な食材 ▶ 自家製きのこペースト　ミックスチーズ　モッツァレラ(ドイツ)

キッキリキ
ダブルチーズ、ソーセージ

ベーカリーで販売される、いわゆる"そうざいパン"としての
ピッツァ。チーズとソーセージの組合せはその定番。
たっぷりの具材ともっちりと弾力のある生地は、
食べ応え十分でしっかりとした食事にも向く。

食べ応え十分な"そうざいパン"の定番

材料・8ピース分

生地(P.30)…460g
トマトソース(P.87)…100g
ミックスチーズ…100g
ウインナー…4本
モッツァレラ(ドイツ)…100g
パセリ(みじん切り)…適量
オレガノ(乾燥)…適量

つくり方

1 生地をのばして天板にのせ、180℃のオーブンで10分間焼く*。
2 1の全面にトマトソースをぬる。ミックスチーズとひと口大に切ったウインナー、モッツァレラの順にのせ、パセリとオレガノをふり、230℃のオーブンで6分間焼く。

＊生地ののばし方についてはP.31に詳しく紹介。

トマトソース　ミックスチーズ　モッツァレラ(ドイツ) ◀ 主な食材

キッキリキ
アンチョビ、ケイパー、ブラックオリーブ

ほんのり甘く、もっちりとしたフォカッチャ生地が主張。トッピングは、少量のチーズと、ブラックオリーブ、アンチョビ、ケイパー、オレガノ。シンプルなトッピングが名脇役となり、生地のポテンシャルをぐっと引き出す。

材料・8ピース分

生地（P.30）…460g
トマトソース（P.87）…100g
ブラックオリーブ…16個
ケイパー…16粒
アンチョビ…8枚
モッツァレラ（ドイツ）…150g
オレガノ（乾燥）…適量

つくり方

1 生地をのばして天板にのせ、180℃のオーブンで10分間焼く＊。オリーブは縦半分に切る。
2 アンチョビは粗みじん切りにする。
3 **1**の生地の全面にトマトソースをぬる。オリーブ、ケイパー、**2**のアンチョビ、モッツァレラの順にのせてオレガノをふり、230℃のオーブンで6分間焼く。

＊生地ののばし方についてはP.31に詳しく紹介。

主な食材
- トマトソース
- モッツァレラ（ドイツ）

噛むほどに味わいを増すきのこのパワー

シンプルな具材が生地の食味を引き立てる

ローマ時代の
お菓子がヒント。
素朴な美味

主な食材

リコッタ
カルヴァドス
マスカルポーネ
ラム酒漬け
レーズン
ドライ
アプリコット
セミドライ
いちじく
くるみ
いちごジャム
はちみつ

ピッツェリア・ジェラテリア・ジィオ

ドライフルーツと木の実のピッツァ ミルクのジェラートのせ

ドライフルーツをちりばめた軽いデザートピッツァ。
トーストにバターをぬる感覚でリコッタとマスカルポーネを
たっぷりぬり、中央にはミルク味のジェラートを。
甘酸っぱいいちごジャムが、乾いたフルーツを潤わせる。

材料・1枚分

生地(P.24)…約110g
リコッタ…大さじ1
カルヴァドス…少量
マスカルポーネ…大さじ1.5
ラム酒漬けレーズン…大さじ1.5
ドライアプリコット(5mmの角切り)
　…大さじ1.5
セミドライいちじく(5mmの角切り)
　…大さじ1.5
くるみ(軽く煎る)…2個分
いちごジャム…大さじ1
粉糖、はちみつ
ミルクのジェラート

つくり方

1 生地を手である程度のばし、さらに麺棒で丸く薄くのばす(直径約25cm)。
2 リコッタにカルヴァドスを混ぜ、生地にぬる。
3 パーラーに移し、窯に入れて焼く。
4 焼き上がったら、リコッタをぬった部分にマスカルポーネをぬり、ラム酒漬けレーズン、ドライアプリコット、セミドライいちじく、粗く砕いたくるみを散らす。いちごジャムをところどころにのせる。
5 生地の縁に茶漉しで粉糖をふり、中央にミルクのジェラートをのせ、はちみつを全体にかける。

ピッツェリア アルフォルノ
ピッツァ・メーラ

透けるほど薄く切ったりんごを花のように敷き詰めたデザートピッツァ。たっぷりかけたはちみつが、キャラメル状に焦げて味のアクセントになる。生地はローマピッツァにならってオリーブ油を混ぜ、薄くのばす。

材料・1枚分
生地(P.89)…125g
りんご…1/2個
はちみつ、シナモンパウダー

つくり方
1 生地を手で丸く薄くのばす（直径約28cm）。
2 りんごは芯を取ってごく薄い輪切りにし、生地の上に隙間なく並べる。はちみつをたっぷりとまわしかけ、シナモンパウダーを少量ふる。
3 パーラーに移し、窯に入れて焼く。

主な食材｜ りんご　はちみつ　シナモンパウダー

シナモン風味のはちみつりんご

窯焼きいちごはジャムのように甘酸っぱい香り

エンボカ
いちごのデザートピザ

いちごを薪窯で焼くと、さてどうなる？——香りが立つのである。いちごジャムを煮ている時のような、甘酸っぱい香りが立ちこめる。味のベースはヨーグルトとはちみつ。小ぶりにつくって、美しくデコレーション。

材料・1枚分
生地(P.39)…130g
プレーンヨーグルト…大さじ2
はちみつ…適量
いちご…大粒9個
キウイフルーツ（半月形のスライス）…7枚
ブルーベリー…7個
コンデンスミルク、粉糖

つくり方
1 生地を手で丸くのばし、外側3cm分を麺棒で薄くする（焼成中に厚く膨らまないように）。パーラーにのせる。
2 生地にヨーグルトをぬり、はちみつを全体にまわしかける。
3 いちごはへたを取って4つ割りにし、**2**の上に美しく並べる。キウイフルーツとブルーベリーものせ、コンデンスミルクをまわしかける。
4 窯に入れて焼く。焼き上がったら、茶漉して粉糖をふる。

主な食材｜ プレーンヨーグルト　はちみつ　いちご　キウイフルーツ　ブルーベリー

カルツォーネのバラエティ

半月形にぷっくり膨れた印象的な姿。カルツォーネとは、具材を生地で包んで焼き上げるピッツァの総称で、具材やトッピングのアレンジは自由自在。オーソドックスなものから個性が際立つものまで、幅広く紹介する。

1
ベッラ・ナポリ
リピエノ

> スープがほとばしるジューシーな仕上がり

> グラーナ・パダーノが輝く黄金の焼き色

2
ダチーボ コレド日本橋店
カルツォーネ

3
ピッツェリア トラットリア パルテノペ 恵比寿店
カルツォーネ

> オーソドックスなナポリスタイルを踏襲

4
スッド・ポンテベッキオ
カルツォーネ

> 具材の一体感と黄身が流れ出す仕掛けの妙

1

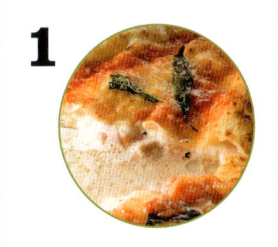

リピエノ

「具を蒸し焼きする」というのがベッラ・ナポリ、池田哲也氏の考え方。そこで、リコッタは水でのばし、モッツァレラは水気の多いものをチョイス。旨みを含んだスープが溢れるシズル感たっぷりの焼き上がり。

材料・1個分

生地(P.14)…200〜205g
トマトソース(P.86)…40g
水牛のリコッタ…20g
モッツァレラ(厚さ約1cmの
　輪切り)…50g
ハム(細切り)…10g
パルミジャーノ(粉)…12g
バジリコ…1枚
黒こしょう
ブレンド油*、EVオリーブ油

＊EVオリーブ油と紅花油を1:9の割合でブレンドしたもの。

つくり方

1　水牛のリコッタは少量の水(分量外)で軽くのばしておく。
2　生地を手で丸くのばし、上半分に1をぬって平らにならす。
3　モッツァレラをちぎってのせ、ハムをのせて黒こしょうをふる。その上からトマトソースをぬり、パルミジャーノを散らし、ブレンド油をまわしかける。
4　生地の下半分を持ち、トッピングを覆うように半分に折って半円形にする。縁を指で押して生地を張り合わせ、中央に蒸気抜きの切れ目(長さ3mm程度)を入れる。
5　表面にトマトソースをぬる。パルミジャーノをふり、バジリコをちぎってのせ、EVオリーブ油をまわしかける。
6　パーラーに移し、薪窯の入口に近い炉床に置き、約2分30秒間焼く。

2

カルツォーネ

本場志向のオーソドックスなスタイルのカルツォーネ。表面にふったグラーナ・パダーノの、黄金色の焼き色と香ばしい香りが視覚と嗅覚を刺激する。窯の入口の低温部分で4〜5分間かけてじっくりと焼くのがコツ。

材料・1個分

生地(P.20)…150g
トマトソース(P.86)…20g
リコッタ…30g
モッツァレラ
　(3cm幅にスライス)…55g
ミラノサラミ(きざむ)…17g
グラーナ・パダーノ(粉)…5g
バジリコ…1枚
オリーブ油、EVオリーブ油

つくり方

1　生地を手で丸くのばし、上半分にリコッタをぬって平らにならす。モッツァレラ、ミラノサラミをのせ、その上からトマトソースをぬり、バジリコをちぎって散らす。
2　生地の下半分を持ち、トッピングにかぶせるように半分に折って半円形にし、表側の2箇所に蒸気抜きの切れ目(長さ2mm程度)を入れる。
3　縁を指でつまんでしっかりと生地を張り合わせ、縦横にのばしてひと回り大きく成形する。
4　表面にトマトソースを薄くぬり、モッツァレラ(分量外)をちぎってのせ、グラーナ・パダーノをふる。バジリコを飾り、オリーブ油をまわしかける。
5　パーラーに移し、ガス窯に入れる。途中で窯の入口に近い炉床に移し、計4〜5分間焼く。
6　焼き上がったら、EVオリーブ油をまわしかける。

3

カルツォーネ

具材、形状ともにオーソドックスなナポリスタイル。表面にパルミジャーノをふり、香ばしく焼き上げる。ナポリのピッツェリアには常備してあるという豚背脂のしぼりかすは、コクをプラスし、食感のアクセントにもなる。

材料・1個分

生地(P.8)…200g
トマトソース(P.86)…20g
リコッタ…50g
ハム(細切り)…30g
豚背脂のしぼりかす
　(きざむ)…10g
モッツァレラ
　(小さくちぎる)…60g
パルミジャーノ(粉)…10g
バジリコ　1枚
塩、黒こしょう、オリーブ油

つくり方

1　生地を手で丸くのばし、上半分にリコッタをのせて平らにならす。
2　塩、黒こしょうをふり、ハム、豚背脂のしぼりかすをのせて、モッツァレラを並べる。パルミジャーノをふり、オリーブ油をまわしかける。
3　生地の下半分を持ち、トッピングにかぶせるように半分に折り、半円形にする。
4　縁を指でつまんでしっかりと生地を張り合わせ、縦横にのばしてひと回り大きく成形する。
5　表面にトマトソースをぬり、パルミジャーノをふる。
6　パーラーに移し、薪窯の入口に近い炉床に置き、約4分間焼く。
7　焼き上がったら、バジリコを飾る。

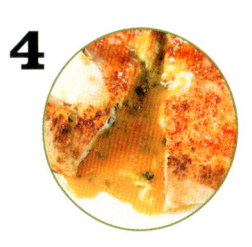

4

カルツォーネ

ほうれん草と4種のチーズを、ミキサーで撹拌してペーストに。素材の一体感を高めることで、複雑で濃厚なコクが生まれる。演出にもひと工夫。ナイフを入れると、しのばせた温度卵が割れ、黄身がとろっと流れ出す。

材料・1個分

生地(P.37)…200g
トマトソース(P.86)…40g
チーズとほうれん草の
　ペースト(P.88)…100g
バジリコ…1枚
モッツァレラ
　(太さ1cmの棒切り)…80g
グラーナ・パダーノ(粉)…4g
温度卵*…1個
塩、黒こしょう、オリーブ油

＊63℃の湯で23分間ゆでた卵。

つくり方

1　生地を手で丸くのばし、上半分にチーズとほうれん草のペーストをのせ、平らにならす。
2　1のところどころにトマトソース(20g)を落とし、モッツァレラ(60g)をちぎってのせ、黒こしょうをふる。オリーブ油をまわしかけ、中央に温度卵をのせ、軽く塩をふる。
3　生地の下半分を持ち、トッピングを覆うように半分に折って半円形にする。縁を指でつまんでしっかりと生地を張り合わせ、中央に蒸気抜きの切れ目を入れる。
4　表面にトマトソース(20g)をぬり、バジリコとモッツァレラ(20g)をちぎってのせ、グラーナ・パダーノをふる。
5　パーラーに移し、薪窯の入口に近い炉床に置き、約3分間焼く。
6　焼き上がったら、オリーブ油をまわしかける。

5
チェザリ!!
リピエーノ MAX

700g超のド迫力。2種のピッツァを同時に味わう

6
チェザリ!!
ピッツァ フリッタ

スナック感覚のナポリピッツァの先祖

7
キッキリキ
カルツォーネ

ほたて貝のスープがじゅわっと溢れ出す

8
ピッツェリア・ジェラテリア・ジィオ
カルツォーネ・
ボスカイオーラ・スペシャリテ

ラザニアを髣髴とさせるピッツァの域を超えた一品料理

5

リピエーノ MAX

2種類のピッツァを重ねた包み焼きピッツァのバリエーション。上段はマルゲリータ、下段にはハムやサラミをトッピング。重量は700gを超えるため、成形や焼成には高度なテクニックを要する。

材料・1枚分
●下段
生地（P.36）…250g
自家製リコッタ（P.89）…60g
サラミ（細切り）…30g
ハム（細切り）…30g
モッツァレラ（小さく切る）…40g
パルミジャーノ（粉）…8g
黒こしょう、EV オリーブ油
●上段
生地（P.36）…200g
トマトソース（P.86）…60g
バジリコ…4枚
モッツァレラ（小さく切る）…60g
パルミジャーノ（粉）…8g
EV オリーブ油

つくり方

1 下段をつくる。
① 生地を手で丸くのばし、リコッタをぬり、平らにならす。
② サラミ、ハム、モッツァレラの順にのせ、パルミジャーノと黒こしょうをふり、EV オリーブ油をまわしかける。

2 上段をつくって仕上げる。
① 生地を手で丸くのばして1にかぶせ、縁を指でつまんで生地を張り合わせる。
② 中央に蒸気抜きの切れ目（長さ2〜3mm程度）を入れ、トマトソースをぬる。
③ バジリコをちぎって散らし、モッツァレラをのせ、パルミジャーノをふる。EV オリーブ油をまわしかける。
④ パーラーに移し、薪窯の温度が低い炉床に置き、約3分30秒間焼く。
⑤ 焼き上がったら、バジリコ（分量外）を飾る。

6

ピッツァ フリッタ

カルツォーネを焼かずに揚げたこの料理は、窯を必要としない手軽なピッツァメニューとして古くからナポリで親しまれているもの。具材は基本的にシンプルで、スナックのような感覚で手軽に楽しめる。

材料・1個分
生地（P.36）…130g
リコッタ…40g
豚背脂のしぼりかす
　（きざむ）…30g
モッツァレラ
　（小さく切る）…30g
バジリコ…1枚
パルミジャーノ…5g
黒こしょう

つくり方

1 生地を手で丸くのばし、上半分にリコッタをぬって平らにならす。その上に豚背脂のしぼりかす、モッツァレラをのせ、バジリコをちぎって散らし、パルミジャーノと黒こしょうをふる。

2 生地の下半分を持ち、トッピングを覆うように半分に折って半円形にし、指で縁をつまんでしっかりと生地を張り合わせる。

3 生地の両端を持ち、具材の重さを利用してひと回り大きく生地をのばす。

4 220℃のフライヤーに入れ、油をまわしかけながら2分30秒間ほど揚げる。

5 皿に盛り付けて、塩をふり、バジリコ（分量外）を飾る。

7

カルツォーネ

焼成によってフレッシュトマトから抜け出た水分は、ほたて貝の風味をまとった旨みたっぷりのスープに変化。生地は、こんがりとした焼き色やぱんぱんに膨れ上がった見た目に反して、しっとり、やわらかな食感。

材料・1個分
生地（P.30）…80g
ミックスチーズ…20g
トマト
　（1〜1.5cmの角切り）…30g
ほたて貝（ゆでたもの）…1個
オレガノ（乾燥）…適量
塩
にんにく油＊、EV オリーブ油

＊オリーブ油にスライスしたにんにくを漬けて香りを移したもの。

つくり方

1 ボウルにトマトを入れ、オレガノ、塩、にんにく油を加えて和える。

2 生地を手で丸くのばし、中心付近にミックスチーズ、1のトマト、ひと口大に切ったほたて貝をのせる。

3 向こう側の生地を手に取り、具を覆うように引っぱりながら手前に折って半円形にする。この際、上の生地は、具が見えなくなる程度にのばすにとどめ、下の生地に余白をつくっておく。

4 下の生地の余白を霧吹きで軽く湿らせ、向こうに折って上の生地と張り合わせる。

5 235℃のオーブンで8分間焼く。焼き上がったら、EV オリーブ油をまわしかける。

8

カルツォーネ・ボスカイオーラ・スペシャリテ

きのこが主役の濃厚な一品。中にはブランデー風味のリコッタ、上にはきのこやモッツァレラをたっぷりと。薄い生地にさまざまな味が染み込んで、ラザニアを連想させる食べ心地。

材料・1個分
生地（P.24）…130g
リコッタ…大さじ1.5
ブランデー…小さじ1
デュクセル（P.89）…大さじ3
モッツァレラ
　（1cmの角切り）…1つかみ
きのこのソテー（P.89）…60g
黒オリーブ…3個
パルミジャーノ（粉）…1つかみ
にんにくオイル＊…大さじ1
イタリアンパセリ
　（みじん切り）…2つまみ
塩

＊オリーブ油にスライスしたにんにくを漬けて香りを移したもの。

つくり方

1 リコッタとブランデーを混ぜ合わせておく。

2 生地を手である程度のばし、さらに麺棒で丸く薄くのばす（直径約32cm）。生地の上半分に、蒸気抜きの切れ目（長さ5cm程度）を4本入れる。

3 下半分に1をぬる。生地を上から半分に折って半円形にし、とじ目を指先で押さえてしっかりとくっつけ、端をラヴィオリ用の波歯ローラーで切り落とす。

4 上面にデュクセルをぬり、モッツァレラ、きのこのソテー、半割りにした黒オリーブをのせる。パルミジャーノと塩をふり、にんにくオイルをまわしかけ、イタリアンパセリをふる。

5 パーラーに移し、ガス窯に入れ、約4分間焼く。

9

カルツォーネ

生地の存在感が薄れるほど具だくさん。中に詰めたのはピッツァ・カプリチョーザの具材、上にのせたのはマルゲリータの具材。2枚のおいしさを1枚に閉じ込めた、欲張りなカルツォーネ。

材料・1個分

生地(P.40)…200g
●フィリング
リコッタ…大さじ2
A
- マッシュルーム(スライス)…1個
- ベーコン(太めの棒切り)…6〜7本
- ソーセージ(スライスしてちぎる)…1/2本
- チェリートマト(4等分のくし形)…1個
- 玉ねぎ(スライス)…1/10個
- 黒オリーブ(スライス)…1個
- ピーマン(細切り)…1/4個
- モッツァレラ(小さくちぎる)…半つかみ

パルミジャーノ…適量
トマトソース(P.87)…40ml
塩、こしょう、オリーブ油
●トッピング
トマトソース(P.87)…40ml
モッツァレラ(小さくちぎる)…半つかみ
パルミジャーノ…適量
バジリコ…2〜3枚
こしょう、オリーブ油

つくり方

1 生地を手で丸くのばし、下半分の4箇所にナイフを刺して蒸気の逃げ道をつくる。
2 フィリングをのせて包む。
① **1**の上半分にリコッタをぬる。Aの材料を順にのせ、パルミジャーノをおろしかけ、トマトソースをかける。
② 塩、こしょうをふり、オリーブ油をまわしかける。生地を下から半分に折って半円形にし、とじ目を折り返して指でしっかり押さえてくっつける。
3 トッピングをのせる。**2**の上面にトマトソースをぬり、モッツァレラをのせる。パルミジャーノをおろしかけ、バジリコをちぎってのせ、オリーブ油をかける。
4 パーラーに移して薪窯に入れ、裏面が焼けたら窯の入口に移動させ、約1分〜1分30秒間焼く。中まで火が通ったら窯の奥に移動させ、表面に香ばしい焼き色をつける。
5 焼き上がったら、パルミジャーノを少量ふり、こしょうを挽く。

10

カルツォーネ・ナポリ

フィリングは、焼きなすと松の実をチョコレートなどで和えたもの。ナポリの昔のドルチェがヒントだ。とろっと火の通ったなすとチョコレートの相性のよさは想像以上。ヴァニラリキュールをかけ、火を灯して驚きを演出。

材料・1個分

生地(P.40)…190g
フィリング
- なす…小1.5本
- チョコレート(細かくきざむ)…70g
- 水牛のリコッタ…大さじ1.5
- 生クリーム…大さじ1.5
- 松の実…約20粒
- ラム酒…少量
- バター…適量

ココアパウダー、粉糖
ヴァニラ風味のリキュール

つくり方

1 フィリングをつくる。
① なすは厚めにスライスし、グリル板で焼いて水分を飛ばす。
② フライパンにバターを多めに熱し、①をソテーする。バターが色づいて香ばしくなり、なすがとろっとやわらかくなればよい。
③ 熱々の②をボウルに入れ、チョコレートを加えて溶かす。溶けにくければ、軽く温める。残りの材料を加えてよく混ぜ合わせる。
2 生地を手で丸くのばし、さらに麺棒で直径32cm程度にのばす。生地の下半分に**1**をのせる。
3 生地を上から半分に折り、とじ目を折り返して指でしっかり押さえてくっつける。
4 パーラーに移し、最高温度に設定したオーブンに入れて焼く(熱容量の大きい電気オーブンで約2分間)。裏面に焼き色がついたら、それ以上焦げるのを防ぐために炉床とピッツァの間に鉄網をかませる。
5 皿に盛り、型紙代わりにナイフとフォークをのせ、ココアパウダー、粉糖の順に茶漉してふりかける。客前でヴァニラ風味のリキュールをかけ、火を灯す。

9
ピッツェリア アル・フォルノ
カルツォーネ

> フィリングはカプリチョーザ、トッピングはマルゲリータ

10
パーレンテッシ
カルツォーネ・ナポリ

> ナポリの昔のドルチェがヒント。なすがデザートに変身!

ピッツァづくりの道具と機器

ミキサー
仕込みの手間を軽減するため、生地づくりにはミキサーを用いるケースが多い。写真左は日本でポピュラーな、らせん状のフックを装着したスパイラルミキサー。右はイタリア・ナポリでよく使われるフォーク型ミキサーで、かにの爪のようなフックが特徴。

パーラー（窯入れ用）
トッピングを終えたピッツァをのせ、窯まで運んで炉床に落とすのに用いる。伝統的なのは木製のもの（写真上）で、重量が重いぶん安定感がある。現在では、軽くて扱いやすい金属製のもの（左）が普及している。

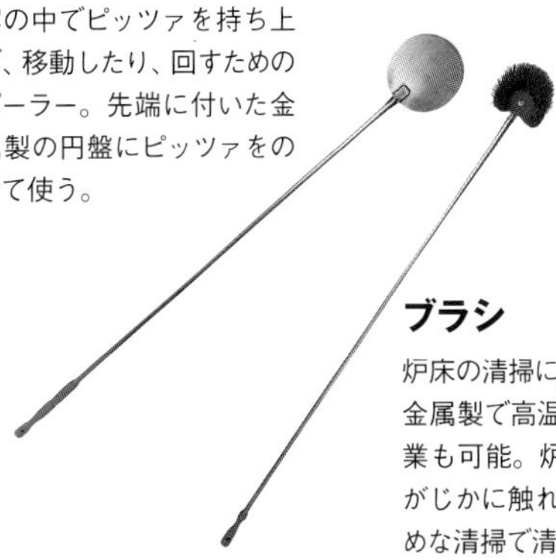

パーラー（焼成用）
窯の中でピッツァを持ち上げ、移動したり、回すためのパーラー。先端に付いた金属製の円盤にピッツァをのせて使う。

油さし
ピッツァにオリーブ油をまわしかける時に使う。さまざまなデザインがあるが、オリーブ油が少量ずつ出るよう、いずれも口先は細い。

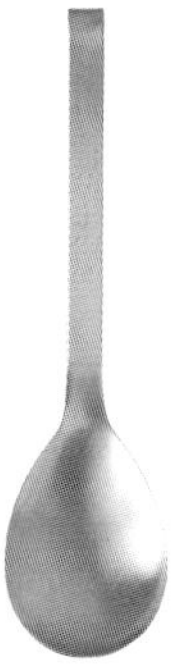

ブラシ
炉床の清掃に用いるブラシ。金属製で高温の場所での作業も可能。炉床はピッツァがじかに触れる部分。こまめな清掃で清潔に保ちたい。

スプーン
生地にトマトソースをぬる時に用いる。スプーンの背を使ってソースをのばすとよい。

作業台
生地をのばしたり、トッピングするための作業台。生地に余計な熱を伝えないよう、天板には大理石を用いることが多い。

ピッツァカッター
焼き上がったピッツァを、取り分けやすく、また食べやすいように切る道具。

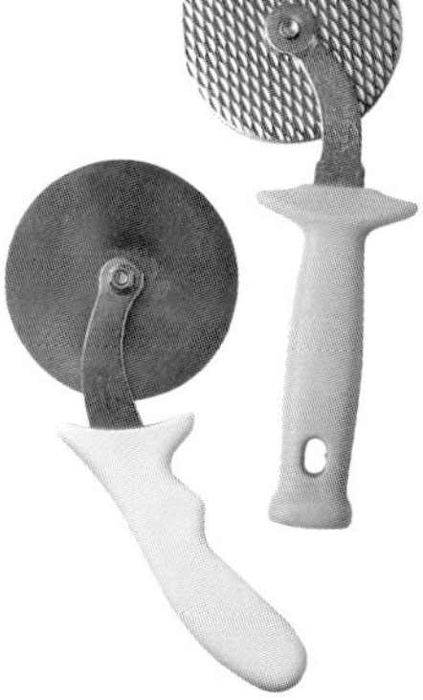

スケッパー
生地づくりの時に、生地を適当な大きさに切り出したり、番重に並べた生地をすくうのに使う。

番重（発酵用ケース）
生地は番重に並べて発酵させる。軽いプラスチック製のもの（写真上）が一般的だが、ナポリで伝統的な木製のもの（左）を使う店もある。

各店のトマトソースとマルゲリータのつくり方

チェザリ!!

●トマトソース

ホールトマト（イタリア製缶詰）を手でつぶす。この時、完全なペーストにはせず、果肉の質感を残す。ホールトマトの重量に対して1％程度の塩を加えて味を調える。

●マルゲリータ

材料・1枚分
生地（P.36）…250g
トマトソース…75g
モッツァレラ（小さく切る）…90g
パルミジャーノ（粉）…10g
バジリコ…5枚
EVオリーブ油

1 生地を手で丸くのばし、トマトソースをぬる。
2 モッツァレラ、パルミジャーノ、バジリコの順にのせ、EVオリーブ油をまわしかける。
3 パーラーに移し、窯に入れて焼く。

スッド・ポンテベッキオ

●トマトソース

ホールトマト（イタリア製缶詰）をムーランで粗くつぶし、その重量に対して1％の塩を加えて味を調える。

●マルゲリータ

材料・1枚分
生地（P.37）…200g
トマトソース…50g
バジリコ…3枚
モッツァレラ（太さ1cmの棒切り）…100g
グラーナ・パダーノ（粉）…15g
EVオリーブ油

1 生地を手で丸くのばし、トマトソースをぬる。
2 バジリコとモッツァレラをちぎってのせ、グラーナ・パダーノをふり、EVオリーブ油をまわしかける。
3 パーラーに移し、窯に入れて焼く。

ベッラ・ナポリ

●トマトソース

ホールトマトはイタリア製缶詰3種を併用（味調整のため）。ムーランで粗くつぶし、その重量に対して1％の塩を加えて味を調える。

●マルゲリータ

材料・1枚分
生地（P.14）…200～205g
トマトソース…50g
モッツァレラ（厚さ約1cmの輪切り）…70g
パルミジャーノ（粉）…15g
バジリコ…1～2枚
ブレンド油＊

＊EVオリーブ油と紅花油を1：9の割合でブレンドしたもの。

1 生地を手で丸くのばし、トマトソースをぬる。
2 モッツァレラをちぎってのせ、パルミジャーノをふる。バジリコをちぎって散らし、ブレンド油をまわしかける。
3 パーラーに移し、窯に入れて焼く。

ダチーボ コレド日本橋店

●トマトソース

ホールトマト（イタリア製缶詰）をムーランでつぶし、その重量に対して1％の塩を加えて味を調える。

●マルゲリータ

材料・1枚分
生地（P.20）…150g
トマトソース…70g
モッツァレラ（3cm幅にスライス）…40g
バジリコ…3枚
グラーナ・パダーノ（粉）…5g
オリーブ油

1 生地を手で丸くのばし、トマトソースをぬる。
2 モッツァレラをのせ、バジリコをちぎって散らす。グラーナ・パダーノをふり、オリーブ油をまわしかける。
3 パーラーに移し、窯に入れて焼く。

ピッツェリア トラットリア パルテノペ 恵比寿店

●トマトソース

ホールトマト（イタリア製缶詰）を手でつぶす。この時、完全なペーストにはせず、果肉の質感を残す。ホールトマトの重量に対して1％程度の塩を加えて味を調える。

●マルゲリータ

材料・1枚分
生地（P.8）…200g
トマトソース…80g
モッツァレラ（小さく切る）…100g
バジリコ…5枚
パルミジャーノ（粉）…10g
オリーブ油

1 生地を手で丸くのばし、トマトソースをぬる。
2 モッツァレラをのせ、バジリコをちぎって散らす。パルミジャーノをふり、オリーブ油をまわしかける。
3 パーラーに移し、窯に入れて焼く。

ピッツェリア・ジェラテリア・ジィオ

●トマトソース

ホールトマト（イタリア製缶詰）は、手で軽く握って汁気を切り、へたの付け根や種を取り除き、果肉をムーランでつぶす。缶に残っている汁を混ぜ、塩で味を調える。塩加減はトマトの酸味を抑える程度。

●マルゲリータ

材料・1枚分
生地（P.24）…130g
トマトソース…90～100mℓ
モッツァレラ（厚切り）…70g
バジリコ…8枚
塩、オリーブ油

1 生地を手である程度のばし、さらに麺棒で丸く薄くのばす。トマトソースを全面にぬる。
2 モッツァレラを大きくちぎって等間隔にのせ、その上にバジリコを重ねる。
3 塩をふり、オリーブ油をまわしかける。
4 パーラーに移し、窯に入れて焼く。

エンボカ

●トマトソース

ホールトマト(イタリア製缶詰)を手でつぶし、塩で味を調える。塩加減はトマトの甘みを引き出せる程度。

●マルゲリータ

材料・1枚分
生地(P.39)…230g
トマトソース…約80mℓ
パルミジャーノ(粉)…1つかみ
モッツァレラ(厚く裂く)
　…5枚(約100g)
バジリコ…3～4枚
塩、オリーブ油

1　生地を手で丸くのばし、パーラーに移す。トマトソースをぬる。
2　パルミジャーノをふり、モッツァレラを等間隔にのせ、バジリコをちぎってのせる。
3　塩をふり、オリーブ油をまわしかける。
4　窯に入れて焼く。

パーレンテッシ

●トマトソース

ホールトマトは味の調節のために、イタリア製缶詰2種を併用。適宜の割合で合わせ、フードプロセッサーにかける。ざるで漉し、トマトペーストを混ぜて軽く濃度をつけ、塩で味を調える。塩加減は、トマトジュースとしておいしく飲める程度。

●マルゲリータ

材料・1枚分
生地(P.40)…190g
トマトソース…180mℓ
バジリコ…6枚
モッツァレラ*(厚く裂く)
　…6枚(約100g)
パルミジャーノ(粉)…2つかみ
オリーブ油

*丸く成形したものではなく、引きのばしたものを編んだトレッジャを使用(ポンティコルボ社製を自店で直輸入)。

1　生地を手で丸くのばし、トマトソースをぬる。
2　バジリコをのせ、その上にモッツァレラを重ねる。
3　パルミジャーノを1つかみまぶし、オリーブ油をまわしかける。
4　パーラーに移し、最高温度に設定したオーブンに入れて焼く。裏面に香ばしい焼き色がついたら、それ以上焦げるのを防ぐために炉床とピッツァの間に鉄網をかませる。
5　焼き上がったら、パルミジャーノを1つかみふる。

ピッツェリア アル・フォルノ

●トマトソース

ホールトマト(国内メーカー製缶詰)をムーランでなめらかにつぶし、塩と黒こしょうでしっかりめに味をつける。

●マルゲリータ

材料・1枚分
生地(P.40)…200g
トマトソース…約100mℓ
モッツァレラ(2cm大にちぎる)
　…1つかみ
バジリコ…2枚
パルミジャーノ…適量
オリーブ油

1　生地を手で丸くのばし、トマトソースをぬる。
2　モッツァレラをのせ、バジリコをちぎって散らす。パルミジャーノをおろしかけ、オリーブ油をまわしかける。
3　パーラーに移して窯に入れ、じっくり焼いて焦げ目をつける。

キッキリキ

●トマトソース

ホールトマト(イタリア製缶詰)をムーランでつぶし、ホールトマト1缶(255g)に対して24gの塩を加え、味を調える。

●マルゲリータ

材料・8ピース分
生地(P.30)…460g
トマトソース…100g
ミックスチーズ…50g
トマト(スライス)…1個
モッツァレラ(ドイツ)…150g
オレガノ…適量
バジリコ…適量
塩

1　生地をのばして天板にのせ、180℃のオーブンで10分間焼く*。
2　1にトマトソースをぬり、ミックスチーズ、トマトの順にのせる。塩とオレガノをふってモッツァレラをのせ、230℃のオーブンで6分間焼く。
3　焼き上がったら、3～4分間常温におき、粗熱が取れたらバジリコをのせる。

*生地ののばし方についてはP.31に詳しく紹介。

シシリヤ

●トマトソース

ホールトマト(イタリア製缶詰)を裏漉しし、塩で味を調える。塩加減は軽く塩味を感じる程度。

●マルゲリータ

材料・1枚分
生地(P.41)…220g
トマトソース…約100mℓ
バジリコ…6～8枚
モッツァレラ(1.5cmの角切り)…60g
パルミジャーノ(粉)…1つかみ半
オリーブ油

1　生地を手で丸くのばし、トマトソースをぬる。
2　バジリコを散らし、モッツァレラをのせる。パルミジャーノをふり、オリーブ油をまわしかける。
3　パーラーに移し、窯に入れて焼く。

各店のレシピで使ったパーツのつくり方

＊店ごと(50音順)に紹介。
＊材料はいずれも「仕込みやすい分量」(「ピッツェリア アル・フォルノ」の「デザートピッツァの生地」を除く)。

スッド・ポンテベッキオ

●チーズとほうれん草のペースト

材料
ゆでたほうれん草…正味100g
モルタデッラ＊(スライス)…200g
グラーナ・パダーノ(粉)…30g
リコッタ…50g
マスカルポーネ…50g
＊イタリア・ボローニャ地方の伝統的なソーセージ。

1 ゆでたほうれん草とモルタデッラをミキサーに入れ、つぶれる程度に撹拌する。
2 1にその他の材料を加えて、ペーストになるまでしっかりと撹拌する。

●ネオナートのソテー

材料
しらす…50g
ひうお…50g
しらうお…50g
にんにく(みじん切り)…1片
白ワイン…20㎖
あさりのだし汁…40㎖
オリーブ油

1 フライパンにオリーブ油とにんにくを入れて火にかけ、香りが出てきたら、しらす、ひうお、しらうおを入れて炒める。
2 白ワインを加えてアルコールを飛ばし、あさりのだし汁を入れてさっと煮る。

●ゆでたけのこ

材料
たけのこ…3本
生ハム(スライス)…50g
ブイヨン…500㎖

1 たけのこは、米ぬかと唐辛子(分量外)を加えて、たっぷりの水でゆでる。冷ました後、皮をむく。
2 1のたけのこを切る。姫皮は食べやすいサイズに切る。その他の部分は姫皮程度の厚さにかつらむきにした後、食べやすいサイズに切る。
3 2を鍋に入れ、生ハムとブイヨンを加えて15分間程度煮た後、冷ます。

●さんまのマリネ

材料
さんま…1尾
イタリアンパセリの茎…1つかみ
にんにく…1片
オリーブ油

1 さんまは三枚におろし、骨を抜き、水気を取る。
2 1とイタリアンパセリ、にんにく、オリーブ油を密封袋に入れて真空パックにし、冷蔵庫に半日ほどおく。
3 2の袋からさんまを取り出し、フライパンで焼き色がつく程度に皮目だけ焼く。
4 5mm幅程度のざく切りにする。

ダチーボ コレド日本橋店

●自家製ランドゥイア

材料
生ハム…3kg
ラード…100g
フェンネル…適量
赤唐辛子…50g

1 生ハムは筋と脂を切り取る。
2 1、ラード、フェンネル、赤唐辛子をフードプロセッサーに入れ、十分に混ざるまで練り合わせる。

●自家製サルシッチャ

材料
豚バラ肉(粗挽き)…1kg
セージ…20枚
ローズマリー…3枝
塩…20g
黒こしょう…5g

1 ボウルに豚バラ肉、セージ、ローズマリー、塩、黒こしょうを入れて手で混ぜ合わせ、軽くまとめて細長く成形し、耐熱容器に移す。
2 1を窯に入れて焼く。芯まで火が通ったら取り出し、粗熱が取れたら、1.5cm角程度の大きさに手でほぐす。

チェザリ!!

●自家製プローヴォラ

材料
水牛のモッツァレラ…適量
桜のウッドチップ…適量

1 水牛のモッツァレラは、キッチンペーパーを敷いたバットにのせ、1晩おいて水気を切る。
2 ボウルに桜のウッドチップを入れて火をつける。
3 2のボウルの上に網をかぶせ、その上に1をのせる。
4 蓋の代わりに別のボウルをかぶせ、4分間ほど燻す。

●きのこのソテー

材料
しめじ…200g
まい茸…200g
エリンギ…200g
マッシュルーム…200g
オリーブ油

1 しめじ、まい茸、エリンギ、マッシュルームをそれぞれ食べやすいサイズに切る。
2 フライパンにオリーブ油を熱し、1をしんなりするまで炒める。

●えびとポルチーニのクリームソース

材料
ポルチーニ(スライス)…1kg
きのこのソテー(上記参照)…200g
にんにく(みじん切り)…15g
薄力粉…100g
白ワイン…300㎖
ブロード…200㎖
トマトソース…300㎖
アメリケーヌソース…右記より200㎖
サフラン…適量
生クリーム…適量
バター…50g
オリーブ油…50g
塩

アメリケーヌソース

甘えびの頭…3kg
ブランデー…適量
クールブイヨン…2.5ℓ
オリーブ油

1 アメリケーヌソースをつくる。
① フライパンにオリーブ油を熱し、甘えびの頭を入れ、つぶしながら焼き色がつくまで炒める。
② ブランデーを加えてアルコールを飛ばし、クールブイヨンを入れて2時間煮た後、シノワで漉す。
2 鍋にバターと同量のオリーブ油を入れて熱し、ポルチーニを入れて塩をふり、軽く炒める。
3 きのこのソテーとにんにくを加え、香りが出てきたら薄力粉を入れて全体に馴染ませる。
4 白ワイン、ブロード、トマトソース、**1**、サフランを順に加え、10分間煮る。
5 生クリームで濃度を調整し、塩で味を調える。

●自家製リコッタ

材料
牛乳…1ℓ
塩…15g
レモン汁…20g

1 鍋に牛乳と塩を入れて加熱し、沸騰直前で火からおろす。
2 レモン汁を加えて手早く混ぜ、20分間程度おく。
3 ざるで水気を切り、残った固形分を手で軽くまとめる。

パーレンテッシ

●アンチョビにんにくソース

材料
にんにく…3片
アンチョビ…にんにくの重量の4倍
白ワイン、白こしょう、オリーブ油

1 鍋にオリーブ油をひき、弱火でにんにくを炒める。火が通ったら白ワインをにんにくが浸るくらいに注ぎ、強火でアルコールを飛ばす。
2 アンチョビを入れ、ぐつぐつ煮込む。
3 冷めたらミキサーにかけ、白こしょうで味を調える。

ピッツェリア アル・フォルノ

●デザートピッツァの生地

材料・6枚分
強力粉…475g
ドライイースト…2〜3g
オリーブ油…30g
水…250mℓ

1 ボウルに水とオリーブ油を入れて混ぜ合わせ、ドライイーストを溶かす。強力粉を加えてざっと混ぜ、ひとまとまりになったら、表面がすべすべになるまでこねる。
2 125gに分けて丸め、スプルス（カナダひのき）製の箱に並べる。箱ごとラップフィルムで包み、常温に6時間おいた後、冷蔵庫で保存する。
3 使用1時間前に出し、常温に戻す。

ピッツェリア・ジェラテリア・ジィオ

●デュクセル

材料
マッシュルーム…1パック
バター…30g
生クリーム…200mℓ
塩、こしょう

1 マッシュルームはみじん切りにする。
2 フライパンにバターと**1**を入れて炒める。バターが全体にからまったら生クリームを加え、軽く沸かす。塩、こしょうで味を調える。

●きのこのソテー

材料
椎茸…8枚
エリンギ…椎茸と同量
しめじ…椎茸と同量
にんにく（みじん切り）…大さじ1
白ワイン…50mℓ
塩、こしょう、オリーブ油

1 椎茸とエリンギはスライスし、しめじは1本ずつにばらす。
2 フライパンにオリーブ油を熱し、**1**を炒める。油が全体にまわったらにんにくを加えて炒め合わせ、塩、こしょうで味を調える。
3 強火で炒めて水分を飛ばす。白ワインを加えてアルコールを飛ばし、煮詰める。

ベッラ・ナポリ

●自家製サルシッチャ

材料
豚もも肉（細挽き）…2kg
豚バラ肉（細挽き）…1kg
塩…55g
A ┌ ローズマリー、パセリ（みじん切り）、オレガノ、にんにくのオイル漬*、メース、ナツメグ、白ワイン、レモン汁…各適量

*にんにくのみじん切りを紅花油に漬けたもの。

1 豚もも肉と豚バラ肉はボウルに入れ、分量の塩を加えて軽く混ぜ合わせる。
2 **1**にAの材料を加え、しっかりと混ぜ合わせる。
3 ラップフィルムを広げ、その上に**2**を150gのせて棒状に形を整え、空気を抜きながらくるくると巻き上げる。
4 **3**をラップフィルムに包んだままゆで、芯まで火を通す。
5 氷水に落とし、急速に冷やす。

掲載店紹介

＊50音順に紹介

エンボカ
en boca　　（閉店）

「生地は皿代わり、具を食べてほしい」とは、店主・今井正氏の言。「エンボカ」のピッツァは、自由で個性的だ。たとえば野菜のピッツァは、自家菜園の無農薬有機野菜をたっぷりと美しく盛り付け、糸唐辛子や煮きり醤油といったユニークな隠し味を効かせる。作業手順にも氏独自の型がある。生地をパーラーにのせてから具材をのせるのである。「具材をのせてからパーラーに移すなんて、僕にはできない芸当」と笑うが、理に適っている。これなら美しい盛り付けが崩れない。店舗デザインもピッツァ同様に有機的で自由。こちらも今井氏の手による。

東京都渋谷区元代々木町16-16
☎03-5452-1699
http://www.enboca.jp

キッキリキ
CHICCHIRICHI　　（閉店）

神奈川・鎌倉——連日賑わいを見せる門前町の一角に人目につきにくいレトロな商店街がある。その中に店を構える「キッキリキ」は、テイクアウト販売がメインのピッツァとラスクの専門店。わずか4坪の店内には、オーナーの谷嶋安喜氏がつくりだすピッツァやラスク、フォカッチャなどがところ狭しと並ぶ。ナポリ風やローマ風とは一線を画す個性的なピッツァは、フォカッチャ生地がベース。どこか懐かしく、やさしい味わいで、若い世代はもちろん、年配客のハートもがっちりと掴んでいる。開店するとひっきりなしにお客が訪れ、売り切れ終いになるケースも多い。

神奈川県鎌倉市小町1-3-4 丸七商店街内
☎0467-23-6602

シシリヤ
Sisiliya

「シシリヤ」の薪窯は、通りに面した窓辺にある。窓越しに見えるのは、タオル鉢巻き姿で無心にピッツァを焼く店の主、小笠原敦氏。開業時にミキサーを買う余裕がなく、仕方なく始めた手ごねだというが、繁盛店として名を馳せるいまも手でこねている。本書では、編集部の強引なリクエストに応えて生地の水分量を数値化してくださったが、本当は氏は水を計量していない。手の感覚に任せているのだ。手塩にかけた生地を一枚入魂で焼き上げ、リーズナブルな価格で提供するとあって、カウンター主体の店内は連日ピッツァファンで賑わう。

神奈川県横浜市中区相生町1-7 和同ビル1F
☎050-5489-3783
https://g505200.gorp.jp

スッド・ポンテベッキオ
sud⁽ᴾ⁾ PONTE VECCHIO　　（閉店）

大阪のイタリア料理界の雄、山根大助氏が率いるポンテベッキオグループの店。グループ店の中で唯一、本格的なナポリピッツァを提供しており、リストランテでありながらピッツェリアとしての一面も持ち合わせる。マルゲリータなどの定番メニューを置く一方、同店シェフ・浅井努氏が中心となって考案する独創的なメニューもラインアップ。本書で紹介した「ネオナートと筍のマリナーラ 木の芽の香り」や「トロトロ下仁田ねぎと自家製スモークチーズ」はその一例。旬を意識した食材の組合せやていねいな仕事に、リストランテならではのアイデアや技術がきらりと光る。

大阪府大阪市浪速区難波中2-10-70 なんばパークス8F
☎06-6646-4000
http://www.ponte-vecchio.co.jp/sud_info.html

ダチーボ コレド日本橋店
DA CIBO

薪窯で焼くナポリピッツァが売りのイタリア料理店「イゾラ」をはじめ、数多くの飲食店を手がける（株）グラナダが経営。「ダチーボ」では、ピッツァはやや小ぶりのポーションとし、それとともに中心価格帯を1300〜1600円に抑え、"日常的に利用できるカジュアルなピッツェリア"というコンセプトを体現している。商業施設「コレド日本橋」内に立地しており、施設の制約からガス窯を採用。ピッツァイオーロの渡邉力友氏が主軸となり、系列店で培ったノウハウを応用しつつ、ガス窯ならではの優位性を生かして、薪窯と遜色のないクオリティを打ち出している。

東京都中央区日本橋1-4-1 コレド日本橋4F
☎03-3272-6855
https://dachibo-coledo.owst.jp

チェザリ!!
CESARI!!

ピッツェリア、バール、トラットリアの3業態で構成する複合型のイタリア料理店。「ピッツァ＝ナポリの大衆文化。その文化をストレートに伝えたい」というのが、ピッツァイオーロの牧島昭成氏の思い。とりわけピッツェリアには、直径26cmのサイズで350円〜のリーズナブルな価格設定、セルフサービス、ユーロも使える会計システムなど、氏の思いが随所に表れている。牧島氏は2010年度ナポリピッツァ世界選手権、ピッツァ・クラシカ部門で第1位を受賞しており、品質も折り紙付き。ガラス張りのキッチンから覗く、ピッツァづくりの軽快なパフォーマンスも人気だ。

愛知県名古屋市中区大須3-36-44
☎052-238-0372
https://www.cesari.jp

パーレンテッシ
Parentesi

「パーレンテッシ」とは、イタリア語で「あいだ」「括弧」の意。店主・中野秀明氏はこの店名に、素材と食べ手をつなぐ「あいだ」の役割になろうとの意を込める。以前はイタリア食材でピッツァをつくっていたが、ある時、小麦粉を国産に切り替えた。つくり手の顔の見える安全性を重視したからだ。その小麦粉は、有機栽培小麦を香りを最大限生かすために石臼挽きしたもの。フスマが混じるため正統派ピッツァとは別物になるが、氏はイタリアの再現ではなく、安心できる素材を使って、その持ち味を生かした自分なりの表現を試みている。

東京都目黒区東山3-6-8 エクセル東山2F
☎050-5485-5937

ピッツェリア アル・フォルノ
Pizzeria al forno （閉店）

仕事帰りに、映画や芝居を観た後に、ふらりと立ち寄れるピッツェリアがあったら——そんな希望を叶えてくれるのが「ピッツェリア アル・フォルノ」。バルさながらのカウンター12席が、薪窯をぐるりと囲む。店主の池上啓助氏は、さまざまな形態のピッツェリアや立ち飲み店で経験を積んだ持ち主だ。その豊富な経験から、ピッツェリアとバルを融合させた同店のスタイルを着想。アルコールを飲みつつ食べてもらえるよう、ピッツァはやや小ぶり、焼きは強め。つまみの小皿料理も充実している。経営母体は、立ち飲み繁盛店で知られる(株)富士屋本店。

東京都渋谷区桜丘町2-3 第二富士商事ビル1F
☎03-3461-1195

ピッツェリア・ジェラテリア・ジィオ
Pizzeria Gelateria zio

料理長の福山うらら氏は、ローマに本店を持つリストランテのピッツェリア系列店で働いた経験を生かし、六本木にあった同店閉店後、仲間とその店名をもらって「ピッツェリア・ジェラテリア・ジィオ」を立ち上げた。氏のピッツァづくりは、素材選びから焼き方に至るまで、ていねいで妥協がない。それはクリスピーな食感やインパクトのある味として表れ、ローマピッツァの魅力を体現している。建物の制約からガス窯を用いるが、独自の工夫と技術で薪窯に劣らぬクオリティを保つ。同店はトラットリアとしての顔も持ち、店名に冠した自家製ジェラートも人気。

東京都千代田区九段北4-1-31 一口坂ハイム1F
☎03-5213-4227

ピッツェリア トラットリア パルテノペ 恵比寿店
Pizzeria Trattoria Partenope

総料理長の渡辺陽一氏は、ナポリを中心に南イタリアで10年間研鑽を積んだ人物で、現在、イタリアで発足した「真のナポリピッツァ協会」の日本支部副支部長も務めている。ピッツァは伝統的なナポリのスタイルを踏襲し、品揃えも奇をてらわず、ベーシックなアイテムが中心。その他、アンティパストやプリモピアット、セコンドピアットも豊富に揃えるが、こちらもナポリの定番を重視したラインアップになっている。床に淡い色のタイルを張り、壁や什器を白色と木目調でまとめた内装、そして元気で気さくな接客と、ナポリらしい雰囲気の演出にとことんこだわる一店だ。

東京都渋谷区恵比寿1-22-20 恵比寿幸和ビル
☎080-8144-8832
https://partenope.jp

ベッラ・ナポリ
BELLA NAPOLI

オーナーの池田哲也氏は、百貨店の衣料品バイヤーや雑誌編集者、服飾評論家といった異色の経歴の持ち主。仕事でナポリを訪ねるうちにピッツァの魅力に惹かれ、現地でピッツァイオーロの修業を積んだ後、同店を開業。「材料やつくり方を科学的な視点から徹底的に研究した」（池田氏）というピッツァは、国産小麦2種をブレンドし、手ごねした後、1日以上をかけて発酵させるなど、こだわりが詰まった一枚。もうひとつの売り物であるパスタも、ガルガネッリをはじめ3種の麺を手打ちでつくる。氏の飽くなき探究心が実を結び、地域でダントツの評判を得るに至っている。

東京都江東区高橋9-3
☎03-5600-8986

ピッツァ
プロが教えるテクニック

初版発行　2010年 7 月30日
10版発行　2025年 4 月30日

編者ⓒ　　柴田書店
発行者　　丸山兼一
発行所　　株式会社 柴田書店
　　　　　東京都文京区湯島3-26-9 イヤサカビル 〒113-8477
　　　　　　　電話　営業部　　03-5816-8282（注文・問合せ）
　　　　　　　　　　書籍編集部 03-5816-8260
　　　　　　　URL　https://www.shibatashoten.co.jp
印　刷　　日本写真印刷コミュニケーションズ 株式会社
製　本　　株式会社 常川製本

本書収録内容の無断掲載・複写（コピー）・引用・データ配信等の行為は固く禁じます。
落丁、乱丁本はお取り替えいたします。

ISBN978-4-388-06079-5
Printed in Japan